_____ 드림

Top-down Knit

쉽게 뜨는 탑다운 니트

목부터 아래로 뜨는 스웨터 & 카디건

목부터 아래로 뜨는 스웨터 & 카디건
쉽게 뜨는 탑다운 니트

초판 1쇄 발행 2020년 5월 15일
초판 7쇄 발행 2023년 11월 15일

지은이 김대리(바늘이야기)

발행인 장상진
발행처 (주)경향비피
등록번호 제2012-000228호
등록일자 2012년 7월 2일

주소 서울시 영등포구 양평동 2가 37-1번지 동아프라임밸리 507-508호
전화 1644-5613 | **팩스** 02) 304-5613

ⓒ 김대리(바늘이야기)

ISBN 978-89-6952-396-9 13630

· 값은 표지에 있습니다.
· 파본은 구입하신 서점에서 바꿔드립니다.

Top-down Knit

쉽게 뜨는 탑다운 니트

목부터 아래로 뜨는 스웨터 & 카디건

김대리(바늘이야기) 지음

prologue

· Banulstory ·

"안녕하세요 여러분 김대리입니다."

대한민국 대표 뜨개질 작가이신 바늘이야기 송영예 대표님의 뒤를 이어 2대째 가업을 잇고 있습니다. 뜨개질을 시작한 지 얼마 안 되었던 때, 제 옷장을 들여다보며 '왜 손뜨개 스웨터에는 심플하고 매일 입을 수 있는 디자인이 없을까?' 하고 생각했습니다. 탑다운 스웨터라는 혁신적인 방법의 스웨터 뜨개질 기법을 배우고 연구한 끝에, 제가 진짜로 입고 싶고 돈 주고 사고 싶은 디자인을 직접 만들어내기 시작했습니다. 그렇게 하나둘 모아온 도안과 어머니께 전수받은 노하우를 여러분께 알려드리고자 책을 출판하게 되었습니다.

여러분의 옷장에서 오랫동안 꾸준히 사랑받는 옷을 뜰 수 있도록, 심플하지만 스타일링에 따라서 누구나 멋을 낼 수 있는 디자인을 수록했습니다. 직접 만든 뜨개 작품이 여러분의 일상에 자연스럽게 스며들 수 있으면 좋겠습니다.

항상 부족한 저를 위해 조언해주시고 도와주시는 바늘이야기 직원분들, 김대리를 지지하고 응원해주시는 유튜브 구독자님들 덕분에 제가 지금 이 자리에 있음을 압니다.

제가 가보지 않은 길을 20년 먼저 앞서가서서 길을 닦아주시고 기다려주신 존경하는 어머니께 이 책을 바칩니다. 저와 함께 앞으로의 20년을 함께해주실 독자 여러분께 감사의 인사를 전합니다.

contents

프롤로그 •4   이 책을 읽는 방법 •8   전체 동영상이 없는 이유 •10   탑다운에 쓰이는 실과 도구 •12

PART 1

탑다운 스웨터란?

탑다운 스웨터란? •18
탑다운 스웨터의 종류 •19
옷 뜨는 과정 간략히 보기 •20

PART 2

손뜨개 기초 기법

코잡기 •25
겉뜨기 •27
안뜨기 •28
원형뜨기 •29
매직 루프 •29
마커 걸기 & 넘기기 •30
코막음 •31
M1L •32
M1R •33
kfb •34
pfb •35

M1L(안) •37
M1R(안) •38
k2tog •39
감아코 •40
평면에서 코줍기 •42
곡선에서 코줍기 •44
단에서 코줍기 •46
소매 분리 •48
소매 코줍고 뜨기 •51
겨드랑이 구멍 줄이기 •53
1코 고무단 돗바늘 마무리 •55

PART 3

게이지 이해하기

게이지가 뭐예요? • 58
게이지 공식 • 60
게이지 예제 풀어보기 • 60
게이지 떠보기 • 61
게이지 세탁하기 • 63
게이지 적용해서 내 머리에 맞는 모자 떠보기 • 64
게이지 내고 도안에 적용하기 • 65
도안 게이지 계산 예시 • 65

PART 4

탑다운 작품과 도안

서술형 도안 읽는 방법 • 80
핑고 트위드 터틀넥 탑다운 스웨터 • 81
필 에어 페루 래글런 퍼프 탑다운 스웨터 • 85
요크 펀칭 스웨터 • 89
스퀘어 패턴 요크 스웨터 • 94
필 누아지 벌룬 탑다운 스웨터 • 99
패션 아란 브이넥 탑다운 스웨터 • 103
보이프렌드 래글런 탑다운 스웨터 • 108
알파카 스트라이프 스웨터 • 116
필 익스프레스 카디건 • 121
모헤어 카디건 • 127
마제스틱 새들 숄더 탑다운 스웨터 • 133
필 라이트 피셔맨 탑다운 스웨터 • 141

부록 ◆ 필 에어 페루 베레모 • 148   알아두면 편한 탑다운 꿀팁 동영상들 • 150   자주 묻는 질문 • 152

이 책을 읽는 방법

1
기초 부분을 충분히 숙지해주세요.

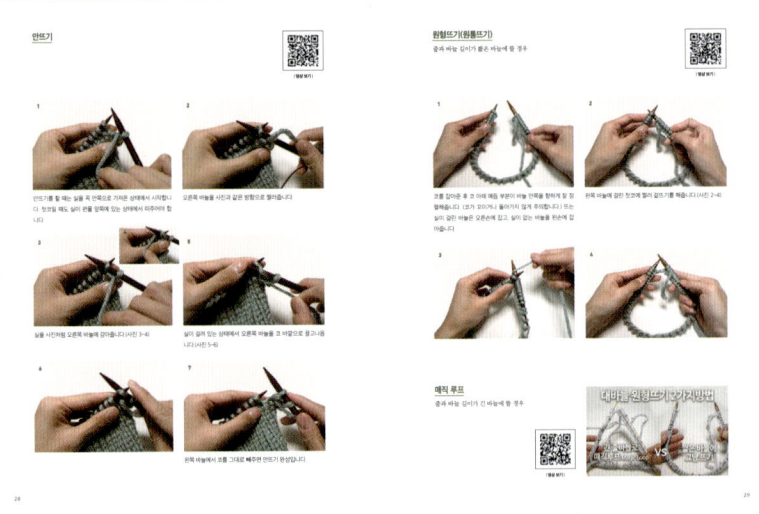

2
뜨고자 하는 작품을 고르세요.

3

난이도별로 도안이 정렬되어 있으니 원하는 난이도에 따라 작품을 선택하세요.

4

도안을 보면서 모르는 기법은 앞에 있는 기초 부분을 참고하여 멋진 작품을 완성하세요.

왜 전체 동영상이 없나요?

제 유튜브 동영상에 대한 댓글 반응은 매우 다양합니다.

"정말 자세하게 천천히 알려주셔서 좋아요."

"초보자도 잘 따라하게끔 꼼꼼하게 알려주시네요."

"불필요한 반복 부분은 편집하면 좋겠어요."

"너무 느려서 답답해요."

같은 동영상이라도 평가가 엇갈립니다. '어떻게 하면 모든 사람을 만족시킬 수 있을까?' 하고 고민했습니다. 동영상을 더 자세하게 찍으면 답답해하는 분들이 생길 거고, 동영상을 간소화하면 너무 빠르게 지나간다고 느끼게 되기 때문에 딜레마에 빠질 수밖에 없었습니다.

뜨개질에서 동영상 강의가 꼭 필요하다고 여겨지는 2020년에, 저는 동영상이 탑다운 뜨는 방법을 알려주는 최고의 방법이라고 생각하지 않습니다. 모든 내용이 흘러가는 형태의 동영상은 모든 사람의 속도에 맞출 수 없습니다. 전체 과정을 한눈에 보기 어렵고, 원하는 구간을 한 번에 짚어보기도 어려우며 이미 지나가버린 구간을 수없이 돌려볼 수밖에 없는 방식입니다.

만약 도안을 보고 뜨게 된다면, 처음에는 수많은 글자에 두려움을 느낄 수도 있지만 온전히 자신의 속도에 맞게 조절하며 뜰 수 있습니다. 어려운 구간이 있으면 이해할 때까지 정지된 글자를 들여다볼 수도 있습니다. 도안은 여러분을 위해 그 자리에 멈춰 있으니까요.

20년 전만 해도 '뜨개질=스웨터 뜨기'였습니다. 지금의 스웨터 뜨기는 뜨개질을 정말 잘하는 사람만 도전하는 분야처럼 인식되고 있습니다. 과거에는 동영상 없이도 많은 뜨개 연구가님들이 만들어내는 도안을 보고 옷을 뚝딱 만들어냈습니다. 과거의 디자인들을 자세히 보면 지금의 디자인과 차원이 다를 만큼 복잡하고 정교한 무늬가 많이 들어 있습니다. 꽈배기가 많이 들어간 옷도, 무늬가 아주 화려한 옷도 동영상 없이 원작 그대로 재현해낼 수 있었습니다. 지금보다 더 정보 접근성이 떨어진 시대였는데도 말이죠.

지금은 많은 분이 그것보다 훨씬 간결한 도안도 동영상이 없으면 도전하기를 주저합니다. 기술은 더 발전하고 더 많은 사람이 뜨개를 쉽게 배울 수 있게 되었는데, 왜 평균적인 뜨개 실력은 그와 비례해서 발전하지 않았을까요? 저는 그 이유가 '두려움'이라고 생각합니다. '나는 동영상을 보고 뜨개질을 배웠는데, 동영상이 없으면 시작을 못할 것 같아.'라고 생각하기 때문이죠.

이 책을 읽으시는 모든 분께 드리고 싶은 말씀이 있습니다. 시작을 두려워하지 마세요. 그리고 실패를 두려워하지 마세요. 실패하는 만큼 성장하고 배워가는 것이 뜨개질의 매력입니다. 누구나 처음은 어렵고 힘듭니다. 하지만 두려움을 없애고 첫 발을 내딛는다면 '생각보다 쉽네?', '이게 뭐라고 그렇게 고민했을까?'라고 생각하게 됩니다. 저도 그랬으니까요. 이제 저와 함께 차근차근 도안을 읽으며 멋진 스웨터를 완성해보세요!

탑다운에 쓰이는
실과 도구

도구 준비하기

― 필수 도구 ―

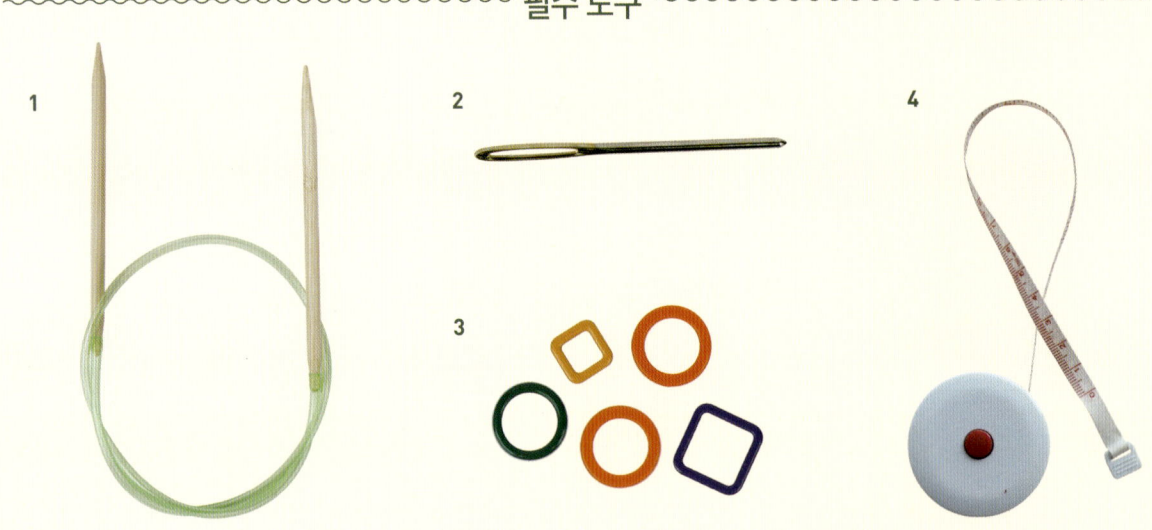

1 줄바늘 탑다운은 막대바늘로는 할 수 없으니 꼭 줄바늘을 준비해주세요. 기본적으로 80cm 줄바늘이 있어야 하며, 목둘레나 소매둘레처럼 좁은 원통을 뜰 때는 40cm 줄바늘을 이용하면 좋습니다. 가장 많이 사용하는 바늘 굵기는 없습니다. 항상 실에 맞춰서 바늘을 사용해야 하기 때문에 뜨려는 작품과 사용하는 실에 맞춰 선택해야 합니다.

2 돗바늘 옷의 마무리를 위해 꼭 필요한 도구입니다. 다 뜨고 나서 잘라낸 실을 정리할 때, 묶어 준 실의 끝부분을 정리할 때, 겨드랑이 구멍을 오므려줄 때 사용합니다.

3 마커 코를 구분하기 위해 꼭 필요한 도구입니다. 탑다운의 경우 몸통과 소매 부분을 한번에 뜨기 때문에 부분별로 보기 쉽게 구분해놓아야 합니다. 시중에 판매하는 마커를 이용해도 좋고, 뜨고 있는 실과 다른 색상의 얇은 실을 동그랗게 묶어서 사용하거나 귀걸이 등을 사용해도 좋습니다.

4 줄자 탑다운은 뜨면서 길이 조절이 가능하기 때문에 중간중간에 치수를 재기 위해 줄자가 필요합니다. 도안에서 단수 대신 cm로 표기하는 경우도 많기 때문에 줄자로 중간중간 확인을 해주어야 합니다.

있으면 정말 편한 도구

1
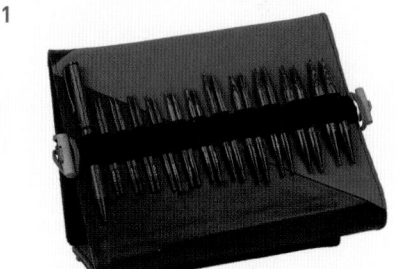

2

3
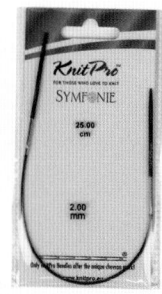

1 조립식 대바늘(니트프로 진저 스페셜) 조립식 대바늘은 바늘과 케이블을 조립, 분리하여 사용할 수 있는 바늘입니다. 탑다운의 경우 목과 소매 부분은 짧은 케이블이 편하며, 몸통 부분은 긴 케이블이 편합니다. 따라서 고정형 줄바늘을 2가지 길이로 구매하는 것보다 조립식 바늘을 이용하면 더 경제적이고 편리하게 사용할 수 있습니다.

또한 바늘을 케이블에서 분리하고 마감캡으로 막아두면 잠시 뜨개질을 쉴 때 코가 빠질 걱정이 없으며, 소매 분리를 할 때도 케이블에 따로 빼놓을 수 있습니다. 바늘 길이가 긴 조립식 바늘은 짧은 케이블을 연결하여도 좁은 목둘레나 소매통을 뜨기 어려우니 바늘 길이가 짧은 진저 스페셜을 추천합니다.

2 케이블 커넥터 케이블과 케이블을 연결해주는 도구입니다. 케이블 길이가 충분하지 않을 때 여분의 케이블을 커넥터를 이용해 연결하여 길이를 확보할 수 있습니다. 특히 탑다운을 뜨면서 입어볼 때 케이블 커넥터로 길이를 잠시 연장하면 훨씬 편하게 입어볼 수 있습니다.

3 숏팁 바늘 길이가 4cm 정도로 매우 짧은 바늘입니다. 바늘 길이가 짧은 편인 니트프로 진저 스페셜이라도 소매통이 많이 좁아지거나 고무단 부분은 뜨기가 어려운데, 그럴 때 숏팁을 사용하면 편하게 뜰 수 있습니다. 다만 숏팁은 뜰 때 손에 무리가 많이 가므로 저렴한 바늘을 깎아 사용해보고 숏팁이 손에 맞는지 확인한 다음 구매하는 것이 좋습니다.

실 준비하기

어떤 실을 어떻게 선택하면 좋을까요?

먼저 계절별로 살펴보면, 겨울에는 보온성이 뛰어난 울, 알파카, 캐시미어 같은 동물성 섬유를 주로 사용합니다. 여름에는 코튼, 리넨 등 통풍이 잘되고 잔털이 없는 소재를 주로 사용합니다. 천연섬유의 비중이 높을수록 가격대가 올라가며 완성품의 퀄리티가 좋습니다.

추천 천연섬유 함량이 높은 가을, 겨울 실

자라, 자라플러스, 베이비 알파카, 필 에어 페루, 필 누아지, 필 소프트, 필 메리노스 6, 쿠스코, 솔로 캐시미어, 펭귄, 네츄럴 알파카, 하이클래스, 자리나

추천 천연섬유 함량이 높은 봄, 여름 실

코튼2, 코튼3, 필 루스티크, 필 디그레이드, 필 에코 코튼, 에덴

아크릴, 폴리섬유의 경우 일반적으로 가격대가 저렴하고 퀄리티가 나쁘다고 인식됩니다. 하지만 아크릴과 폴리에도 등급이 있으며, 가공 기술에 따라 차이가 큽니다. 필 카레스처럼 아크릴 51%, 폴리 49% 실이라도 가공 기술이 뛰어난 것은 캐시미어 같은 촉감을 낼 수 있습니다.

아크릴사의 경우 관리가 쉽고 가벼운 것이 장점입니다. 정전기나 보풀에는 취약한 편이지만 천연섬유보다 저렴하다는 장점도 있습니다. 지나치게 저렴한 가격대의 아크릴사는 피하는 게 좋습니다. 실 가공 상태가 좋지 않아 보풀이 많이 나며, 아크릴사 특유의 반짝거림이 심하게 나타납니다. 적당한 가격대의 아크릴 혼방사를 고른다면 천연섬유 못지않게 완성도 높은 옷을 만들 수 있습니다.

추천 아크릴·폴리 혼방 가을, 겨울 실

패션 아란, 마제스틱, 필 라이트, 필 가드닝, 필 카레스, 베이비 솔리드, 파트너6

추천 아크릴·폴리 혼방 봄, 여름 실

까사리아, 라푼젤, 코튼 탑

탑다운 뜨기 좋은 실이 따로 있나요?

일반적으로 부분을 다 떠서 이어주는 스웨터는 시접이 있기 때문에 어깨나 허리 부분에서 잡아주는 힘이 있습니다. 탑다운 스웨터는 몇몇 방식을 제외하고는 어깨나 허리 부분에 시접 없이 통으로 떠내려가기 때문에 자주 입을 경우 아래로 많이 처지게 됩니다. 그래서 탑다운 스웨터는 가벼운 실을 선택하여 뜨는 것이 좋습니다.

가벼운 실을 고르는 방법은 무게 대비 부피가 큰 실을 고르면 됩니다. 온라인에서 실을 구매할 때는 부피를 가늠할 수가 없는데 가공법을 자세히 들여다보면 가볍고 부피가 큰 실을 대충 짐작해볼 수 있습니다. 기모를 일으킨 실이나 모헤어, 폴리아미드 튜브에 섬유를 불어넣은 특수사의 경우 무게 대비 부피가 크며, 그만큼 가볍습니다.

기모를 일으킨 가벼운 실
쿠스코, 필 가드닝, 펭귄, 필 라이트, 로비 키드 모헤어

폴리아미드 튜브사
필 누아지, 필 소프트, 필 에어페루, 프리마

좋은 실, 좋은 바늘 중 한 가지를 선택해야 한다면 어떤 것이 좋은가요?

당연히 좋은 실입니다. 스웨터 한 벌을 뜨려면 평균적으로 10일 이상이 소요됩니다. 뜬 시간을 되돌릴 수 없는 만큼 좋은 실로 후회 없이 만드는 게 좋습니다. 실제로 저렴한 실로 옷을 뜨고 완성 작품이 실 때문에 마음에 들지 않아 실망하는 경우가 많습니다. 뜨개질 한 공은 되돌릴 수 없고, 스웨터는 평생 갑니다.

500원짜리 바늘 하나로도 충분히 탑다운 한 벌을 완성할 수 있습니다. 다만 뜨는 과정이 조금 힘들 뿐입니다. 등산을 한다고 가정할 때 일반 등산화를 신고 에베레스트 산을 등반하는 것과 고급 등산화로 동네 뒷산을 오르는 것의 차이로 비유할 수 있습니다. 물론 조금 더 편하게 과정을 즐기고 싶다면 좋은 바늘을 쓰는 것을 추천합니다. 그러나 저렴한 바늘로도 탑다운을 뜰 수 없는 것이 아니기 때문에 둘 중에 하나를 선택해야 한다면 실에 투자하는 것을 권장합니다.

이 책에서 사용한 실

필 에어 페루 · 필 누아지 · 펭귄

필 소프트 · 마제스틱 · 코튼 탑 · 필 익스프레스 · 내추럴 알파카

핑고 트위드 · 필 라이트 · 패션 아란 · 키드 모헤어

TOP-DOWN KNIT

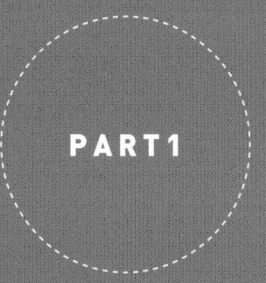

탑다운 스웨터란?

탑다운 스웨터란?

탑다운 스웨터는 목에서부터 시작해서 아래로 통으로 떠내려가는 뜨개질 형태를 뜻합니다. 코를 분리해서 소매를 만들고, 새로운 부분을 만들 때도 코를 주워서 떠내려가기 때문에 따로 떠서 이어줄 필요가 없어 옷을 만드는 번거로움이 한층 줄어든 뜨개질 형태입니다. 이미 해외에서 크게 각광받는 스웨터 뜨개질 방식이며, 빠르고 쉽게 뜰 수 있기 때문에 초보자가 도전하기에 매우 편한 방식입니다.

옷을 입체로 구성하기 때문에 정말 쉽게 뜰 수 있고, 몸에 딱 맞는 맞춤 핏을 원한다면 어려운 기법을 추가하여 다양하게 변형도 가능합니다.

탑다운 스웨터는 대부분 어깨 만들기 → 소매 분리하기 → 몸통 뜨기 → 소매 뜨기 순서로 진행됩니다. 옷의 모양에 가장 큰 영향을 주는 어깨 부분이 어떤 모양으로 나오느냐에 따라 디자인이 결정되며 브이넥, 라운드넥, 배색, 무늬 등 다양한 방법을 적용할 수 있습니다. 스웨터뿐만 아니라 카디건도 만들 수 있습니다.

탑다운 뜨는 방식의 기초적인 개념만 잘 이해한다면, 스스로 도안도 만들 수 있으며 기존의 도안을 직접 응용해서 뜰 수도 있게 될 것입니다.

탑다운 스웨터의 종류

탑다운 스웨터에는 다양한 형태가 있습니다. 그중에서 책에서 다루게 될 대표적인 3가지 형태를 알아보겠습니다.

래글런 스타일 (Raglan style)

흔히 말하는 '나그랑' 형태의 옷에서 발견할 수 있는 사선 형태의 옷입니다. 목에서부터 시작하여 겨드랑이 선까지 직선 형태의 분리선인 '래글런 선'이 생깁니다. 이 래글런 선을 따라서만 코늘림을 하며 옷의 형태를 만들어주기 때문에 규칙이 간단하여 초보자가 접근하기 쉬운 방식입니다. 탑다운 스웨터 도안에서 가장 흔한 형태입니다.

서큘러 요크 스타일 (Circular Yoke style)

어깨 부분에서 코늘림을 원형으로 분배하여 옷의 형태를 만드는 방식입니다. 원형으로 분배하기 때문에 어깨 부분에 선이 없고 완만한 곡선으로 만들어지는 것이 특징이며, 여성적인 라인을 강조한 옷 형태입니다. 일정 구간에서만 규칙적으로 코를 늘려주기 때문에 초보자들이 접근하기 쉽습니다.

새들 숄더 스타일 (Saddle Shoulder style)

saddle(말 완장)처럼 생긴 어깨 모양이 특징입니다. 어깨 부분을 강조하는 구분선이 있기 때문에 남성 옷 디자인에서 많이 볼 수 있습니다. 어깨에 꺾인 선을 만들어주며 코늘림을 진행합니다. 새들을 따로 떠서 이어주는 형태도 있고, 새들을 만들어주며 통으로 완성하는 형태도 있습니다.

래글런 스타일   서큘러 요크 스타일   새들 숄더 스타일

옷 뜨는 과정 간략히 보기

◆ 래글런 스타일 ◆

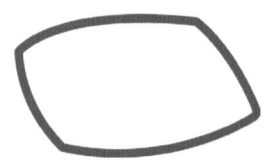

1 원형으로 코를 잡습니다. (도안에 따라 평면으로 시작하고 나중에 이어줄 수도 있습니다.)

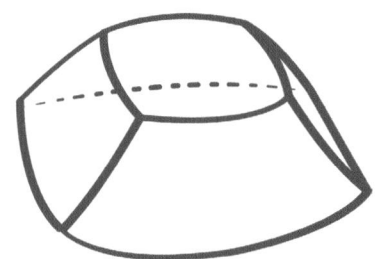

2 소매, 몸통 총 4곳으로 나누어 래글런 선 부분에서만 늘려줍니다.

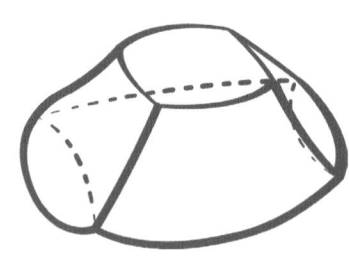

3 소매를 분리하고 쉬게 둡니다.

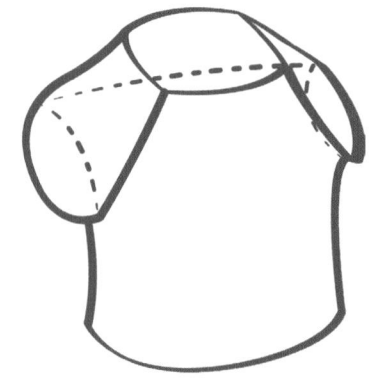

4 몸통을 떠줍니다.

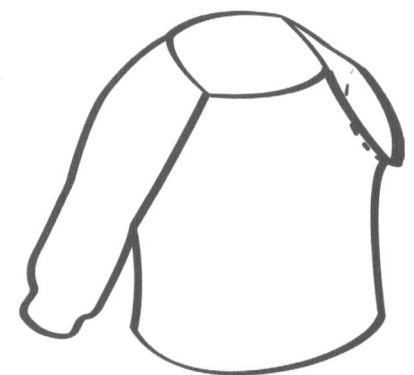

5 쉬게 두었던 소매 코를 주워서 원통으로 떠줍니다.

6 완성입니다.

◆ 서큘러 요크 스타일 ◆

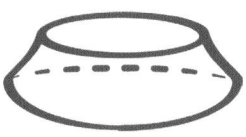

1 원형으로 코를 잡고 시작합니다.

2 일정하게 코를 분배하여 늘려 어깨 부분을 만들어줍니다.

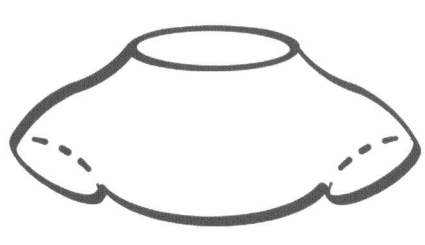

3 소매를 분리하고 쉬게 둡니다.

4 몸통을 떠줍니다.

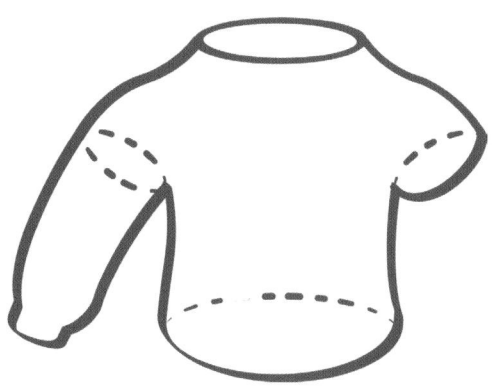

5 쉬게 두었던 소매 코를 주워서 원통으로 떠줍니다.

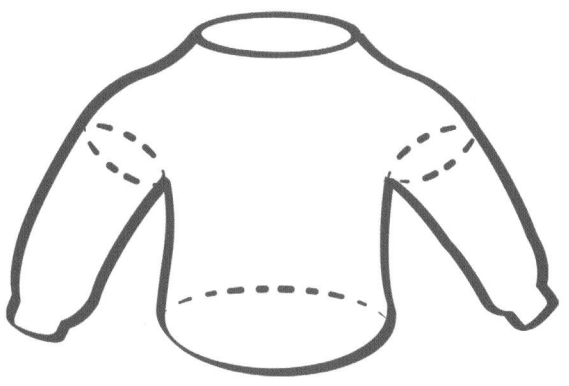

6 완성입니다.

◆ 새들 숄더 스타일 ◆

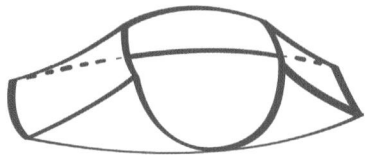

1 어깨 새들 부분의 코를 나누어 새들 부분을 제외한 앞판, 뒤판에서만 코를 늘려 어깨를 만들어줍니다.

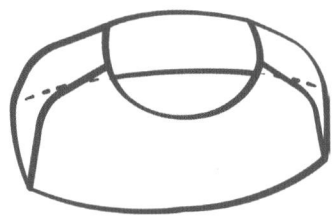

2 어깨가 다 만들어지면 소매 부분에서만 코를 늘려줍니다.

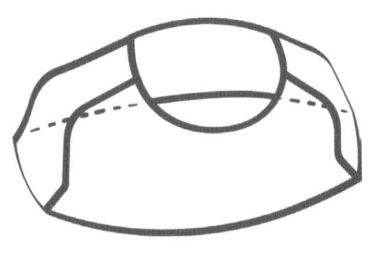

3 소매 분리 전에 소매와 몸통 모두 일정하게 늘려줍니다.

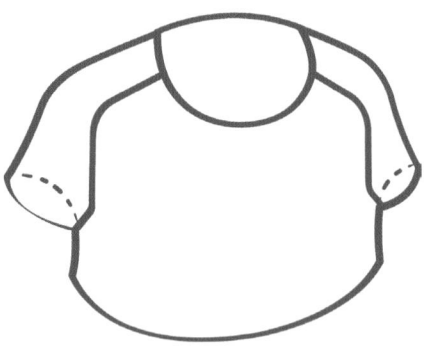

4 소매를 분리하고 쉬게 둔 후 몸통을 떠줍니다.

5 쉬게 두었던 소매 코를 주워서 원통으로 떠줍니다.

6 완성입니다.

PART 2

손뜨개 기초 기법

QR 코드 읽는 방법

| 영상 보기 |

- ■ 기본 카메라 어플 실행 → QR 코드를 찍으면 링크가 뜹니다.
- ■ 기본 카메라에서 스캔이 안 되는 경우 → 네이버 어플 실행 → 메인 하단 청록색 동그라미 클릭 → [렌즈] 클릭 → QR 코드를 찍으면 링크가 뜹니다.

코잡기

|영상 보기|

1

실의 짧은 쪽을 위로 가게 한 상태로 바닥에 펼쳐놓습니다.

2

오른손으로 2가닥을 쥐어줍니다.

3

왼손 엄지와 검지를 2가닥 사이에 넣고 벌려줍니다.

4

손바닥을 하늘을 향하게 뒤집어줍니다.

5

나머지 세 손가락으로 실 2가닥을 감싸줍니다.

6

오른손에 바늘을 들고 엄지 아래로 들어갑니다.

7

바늘을 검지 위쪽으로 끌고갑니다.

8

검지에 걸린 실을 위에서 아래로 찔러줍니다.

9

엄지 앞에 있는 공간으로 바늘을 끌고나옵니다.

10

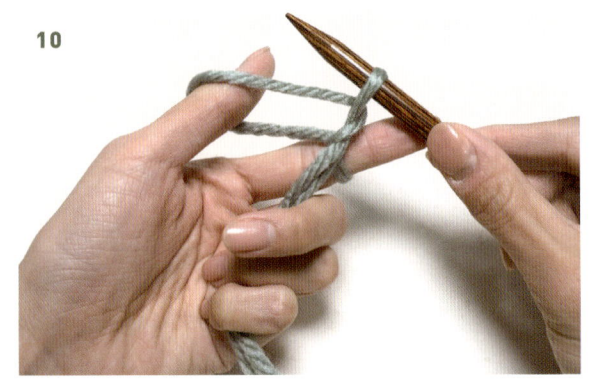

바늘을 위로 들어올려줍니다.

11

엄지와 검지손가락에서 실을 빼줍니다.

12

실 2가닥을 엄지와 검지로 벌려 매듭을 조여줍니다.

13

12번 상태에서 바늘을 손바닥 쪽으로 가져와 6~12번을 반복합니다.(사진 13~14)

14

겉뜨기

|영상 보기|

1

왼쪽 바늘에 걸린 코를 오른쪽 바늘을 이용해 찔러줍니다.

2

실뭉치와 연결된 실을 바늘 사이로 뒤에서 앞으로 가져옵니다.(사진 2~3)

3

4

실이 걸려 있는 상태에서 오른쪽 바늘을 코 바깥으로 끌고나옵니다.(사진 4~5)

5

6

왼쪽 바늘에서 코를 그대로 빼주면 겉뜨기 완성입니다.

안뜨기

| 영상 보기 |

1

안뜨기를 할 때는 실을 꼭 안쪽으로 가져온 상태에서 시작합니다. 첫코일 때도 실이 편물 앞쪽에 있는 상태에서 떠주어야 합니다.

2

오른쪽 바늘을 사진과 같은 방향으로 찔러줍니다.

3

실을 사진처럼 오른쪽 바늘에 감아줍니다.(사진 3~4)

5

실이 걸려 있는 상태에서 오른쪽 바늘을 코 바깥으로 끌고나옵니다.(사진 5~6)

6

7

왼쪽 바늘에서 코를 그대로 빼주면 안뜨기 완성입니다.

원형뜨기(원통뜨기)

줄과 바늘 길이가 짧은 바늘에 뜰 경우

|영상 보기|

1

2

코를 잡아준 후 코 아래 매듭 부분이 바늘 안쪽을 향하게 잘 정렬해줍니다. (코가 꼬이거나 돌아가지 않게 주의합니다.) 뜨는 실이 걸린 바늘은 오른손에 잡고, 실이 없는 바늘을 왼손에 잡아줍니다.

왼쪽 바늘에 걸린 첫코에 찔러 겉뜨기를 해줍니다.(사진 2~4)

3

4

매직 루프

줄과 바늘 길이가 긴 바늘에 뜰 경우

|영상 보기|

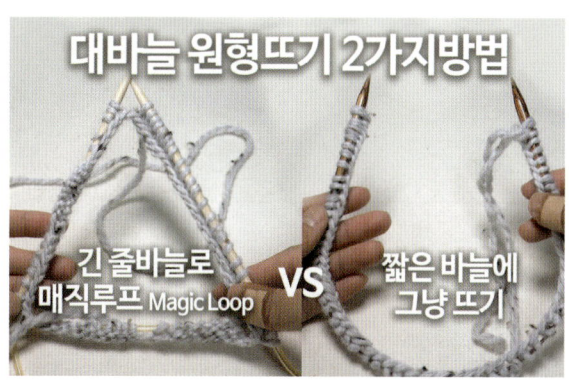

29

마커 걸기 & 넘기기

1

2

'마커 걸기'는 사진처럼 동그란 마커를 바늘에 그대로 걸어주는 것을 말합니다. 마커가 없을 경우 자투리 실을 동그랗게 묶어 사용하면 됩니다.(사진 1~3)

3

4

'마커 넘기기'는 걸어준 마커를 만났을 때 왼쪽 바늘에서 오른쪽 바늘로 그대로 넘겨주는 것을 말합니다.(사진 4~6)

5

6

코막음

|영상 보기|

1

코막음을 할 때에는 항상 오른쪽 바늘에 2코를 떠줍니다.

2

뒤에 있는 코를 앞에 있는 코 위로 덮어 씌워줍니다.(사진 2~4)

3

4

5

4번이 끝나고 1코가 남았으니, 또 1코를 더 떠서 2코를 만들어 줍니다.

6 7

2~4번을 반복해줍니다.(사진 6~7)

M1L

|영상 보기|

1

코와 코 사이에 있는 가로줄을 확인합니다.

2

왼쪽 바늘을 이용해 사진과 같은 방향으로 걸어줍니다.

3

오른쪽 바늘을 이용해 왼쪽 바늘에 걸린 실가닥 뒤쪽으로 찔러줍니다.

4

겉뜨기하듯이 떠줍니다.(사진 4~5)

5

6

완성

M1R

1

코와 코 사이에 있는 가로줄을 확인합니다.

2

왼쪽 바늘을 이용해 사진과 같은 방향으로 걸어줍니다.

3

오른쪽 바늘을 이용해 왼쪽 바늘에 걸린 실가닥 앞쪽 부분으로 찔러줍니다.(사진 3~4)

4

5

겉뜨기하듯이 떠줍니다.(사진 5~6)

6

완성

kfb

|영상 보기|

1

2

겉뜨기하듯이 떠주고 왼쪽 바늘에서 빼지 않은 상태로 둡니다.(사진 1~2)

3

4

오른쪽 바늘을 살짝 들어올려줍니다.

왼쪽 바늘 뒷부분에 사진처럼 찔러줍니다.

5

6

겉뜨기하듯이 떠줍니다.

완성

pfb

1

안뜨기하듯이 떠주고, 왼쪽 바늘에서 빼지 않은 상태로 둡니다.(사진 1~3)

2

3

4

바늘을 살짝 벌려 왼쪽 바늘 뒤에 걸린 실을 확인합니다.

5

왼쪽 바늘 뒤에 걸린 실을 뒤에서 앞으로 사진처럼 찔러줍니다.

6

안뜨기하듯이 떠줍니다.(사진 6~8)

7

8

M1L(안)

1

왼쪽 바늘을 이용해 코와 코 사이에 있는 가로줄을 뒤에서 앞으로 찔러줍니다.

2

왼쪽 바늘 앞쪽에 걸린 실을 오른쪽 바늘로 사진처럼 찔러줍니다.

3

안뜨기로 떠줍니다.(사진 3~5)

4

5

M1R(안)

| 영상 보기 |

1

왼쪽 바늘을 이용해 코와 코 사이에 있는 가로줄을 앞에서 뒤로 찔러줍니다.

2

왼쪽 바늘 뒤쪽에 걸린 실을 오른쪽 바늘로 사진처럼 찔러줍니다.

3

안뜨기로 떠줍니다.(사진 3~5)

4

5

k2tog
코줄임, 2코 한 번에 겉뜨기

1

2

2코를 한 번에 겉뜨기 방향으로 찔러줍니다.(사진 1~3)

3

4

겉뜨기로 떠줍니다.(사진 4~6)

5

6

감아코

1. 오른쪽 바늘을 잡고 사진처럼 뜨는 실을 잡아줍니다.

2. 엄지에 사진과 같은 방향으로 실을 감아줍니다.

3. 바늘을 엄지에 걸린 실 아래에서 위로 찔러줍니다.

4. 엄지를 빼줍니다.(사진 4~5)

6. 바늘에 코가 맞도록 실을 당겨줍니다. 감아코 1코가 완성되었습니다.

7  **8**

1~6번 동작을 원하는 감아코 수만큼 반복합니다.(사진 7~8)

평면에서 코줍기

|영상 보기|

1

코가 들어갈 자리를 확인합니다. v자 모양에서 줍거나 ㅅ자 모양에서 줍습니다.

2

단의 제일 끝부분 v자 혹은 ㅅ자 자리에 찔러줍니다.(사진 2~3)

3

4

실을 걸어줍니다.

5

편물 밖으로 끌고 나옵니다.

6

1코줍기 완성

7

8

다음 코도 모양을 잘 보고 v자 모양으로 주웠으면 v자, ㅅ자 모양으로 주웠으면 ㅅ자에 찔러줍니다.(사진 7~8)

9

10

겉뜨기를 하듯이 실을 감고 끌고 나옵니다.(사진 9~11)

11

12

계속 반복하여 지시된 코수만큼 주워줍니다.

곡선에서 코줍기

1

곡선 모양도 평면과 마찬가지로 v자 모양 혹은 ㅅ자 모양을 잘 따라서 주워줍니다. v자 모양에 따라 주웠을 때 더 예쁘게 나옵니다.(사진 1~13)

2

3

4

5

6

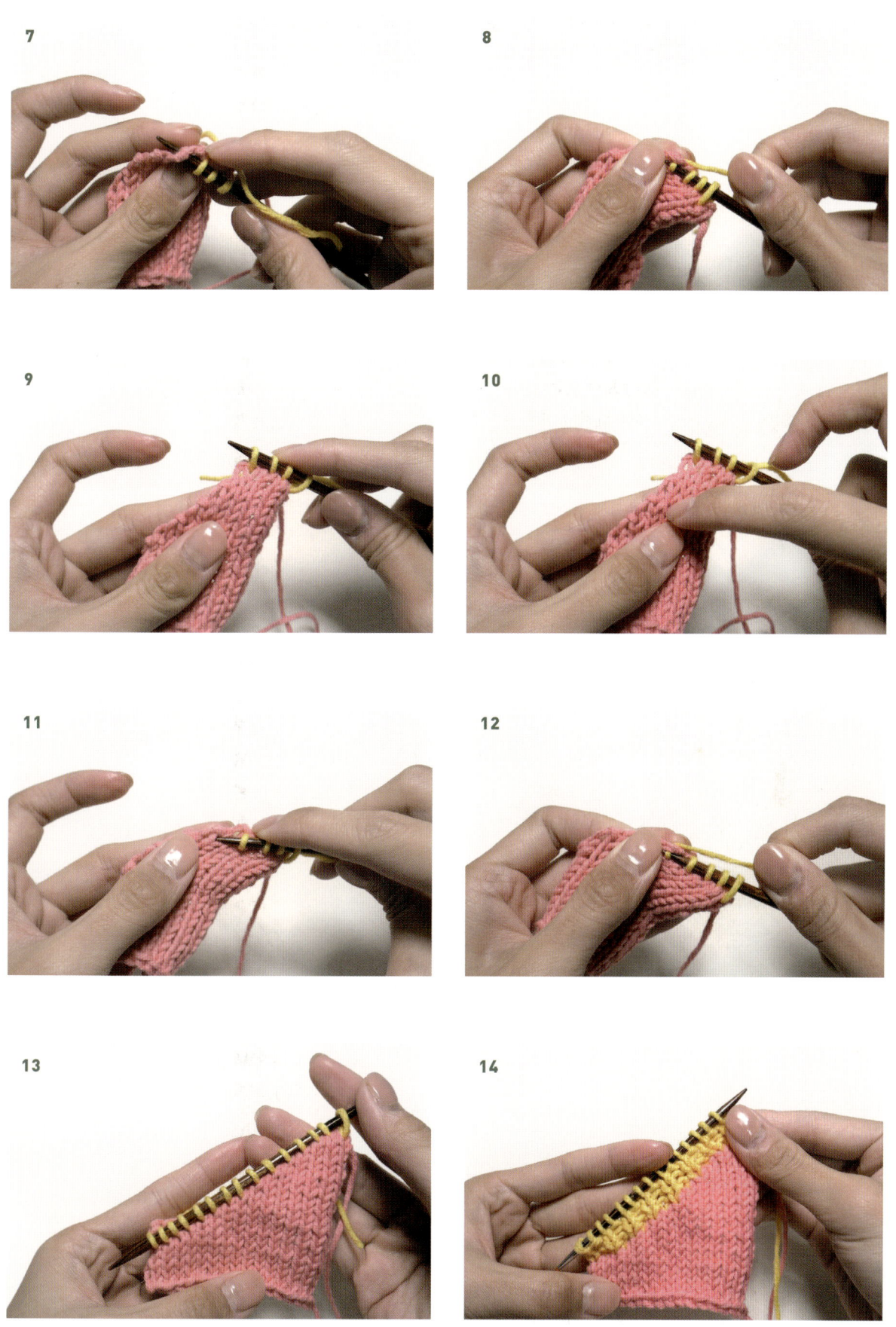

곡선을 따라 줍고 1코 고무뜨기를 해준 모습입니다.

단에서 코줍기

단에서 코를 주울 때에는 v자 모양 사이에 찔러 줍습니다. 단에서 제일 가장자리보다는 반 코 안쪽으로 줍는 것이 안정적입니다.(사진 1~2)

v자 모양 1개마다 1코씩 줍고, 도안에서 지시된 대로 건너뜁니다. 단과 코는 크기 차이가 있으므로 모든 v자에서 주우면 비율이 맞지 않아 울게 됩니다. 도안과 게이지 비율 차이마다 몇 코 줍고 1코를 건너뛰는지는 다릅니다.(사진 3~7)

7

8

단에서 코를 줍고 떠준 모습입니다.

소매 분리

1

2

옷에서 소매 부분을 확인합니다. 래글런의 경우 래글런 선 기준으로 소매와 몸통이 나뉘며, 어깨선이 없는 서큘러 요크 스웨터의 경우 도안에 지시된 코수만큼 소매가 됩니다.

자투리실을 돗바늘에 연결하여 준비하거나, 여분 케이블에 한쪽에는 마감 캡으로 막고 한쪽은 작은 사이즈 바늘을 연결하여 준비합니다.

3

4

도안에서 지시된 코수만큼 코를 옮겨줍니다.(사진 3~4)

5

6

코를 다 옮겨준 모습입니다.

실에 옮겼으면 실을 묶고, 케이블에 옮겼으면 나머지 한쪽도 마감 캡으로 막아 코가 빠지지 않게 둡니다.

오른쪽 바늘을 잡고 왼손으로 사진처럼 실을 잡아줍니다.(사진 7~8)

엄지에 사진과 같은 방향으로 실을 감아줍니다.

엄지 앞부분에 걸린 실을 오른쪽 바늘 아래에서 위로 찔러줍니다.

엄지를 빼줍니다.

바늘에 딱 맞게 실을 당겨주면 감아코 1개가 완성됩니다.

13

14

10~12번을 도안에 기재된 감아코 코수만큼 반복합니다.(사진 13~14)

15

감아코가 다 만들어진 모습입니다.

16

감아코를 다 만들면 왼쪽 바늘에 걸린 첫코에 찔러 도안에 명시된 몸통 코수만큼 겉뜨기를 떠줍니다.

소매 코줍고 뜨기

|영상 보기|

옮겨둔 코를 다시 바늘에 끼워줍니다.(사진 1~3)

ㅅ자 모양을 따라서 코를 주워줍니다.

평면에서 코줍기하듯이 코를 주워줍니다.(사진 5~6)

도안에서 명시된 코수만큼 코를 주운 모습입니다.

왼쪽 바늘과 오른쪽 바늘 사이의 가로줄을 확인합니다.

가로줄을 뒤에서 앞으로 들어줍니다.

들어준 코와 그다음 코를 한번에 찔러 겉뜨기합니다. (사진 10~11)

소매 코를 원형뜨기로 쭉 떠줍니다.

겨드랑이 구멍 줄이기

|영상 보기|

겨드랑이 구멍 부분을 확인하고, 안쪽에서 돗바늘에 실을 끼워 줍니다.(사진 1~2)

구멍 바로 옆 v자 모양 사이로 안쪽에서 바깥으로 나옵니다. (사진 3~4)

방금 나온 v자 바로 위 v자 사이로 들어갑니다.

구멍을 사이에 두고 그 반대편 v자 모양으로 안쪽에서 바깥으로 다시 나옵니다.

방금 나온 v자 바로 위 v자 사이로 들어갑니다.

3~7번을 구멍이 메워질 때까지 반복합니다.(사진 8~9)

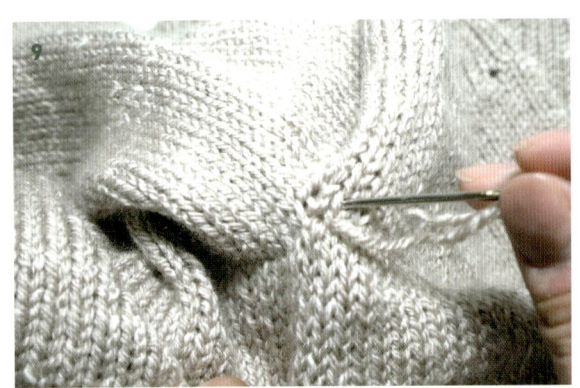

안쪽에 실을 숨겨 마무리합니다.

1코 고무단 돗바늘 마무리

|영상 보기|

실을 길게 잘라 남기고 돗바늘에 실을 연결해줍니다. 고무단 시작 첫 코(겉뜨기)에 안뜨기 방향으로 찔러서 돗바늘을 빼줍니다.

두 번째 코에 겉뜨기 방향으로 찔러서 돗바늘을 뒤로 빼줍니다. (사진 2~3)

첫 번째 코에 겉뜨기 방향으로 찔러서 코를 빼줍니다.(사진 4~5)

두 번째 코 모양을 봤을 때 겉뜨기 모양이면 돗바늘을 안뜨기 방향으로 찔러서 나옵니다.

7

8

첫 번째 코도 마찬가지로 안뜨기 방향으로 찔러서 코를 빼줍니다.(사진 7~8)

9

두 번째 코가 안뜨기 코이면 코와 코 사이로 한 번 나옵니다.

10

안뜨기 코일 때는 겉뜨기 방향으로 찔러서 뒤로 나옵니다.

11

첫 번째 코도 마찬가지로 겉뜨기 방향으로 찔러서 코를 빼줍니다. 다음부터는 두 번째 코 모양을 보고 6~11번을 반복해줍니다.

PART 3

게이지 이해하기

게이지가 뭐예요?

게이지는 뜨개질을 하기에 앞서 꼭 알아야 하는 '사이즈 가이드'입니다.

위 두 조각은 서로 다른 두 사람이 '같은 바늘, 같은 실'을 이용해 '같은 코수와 같은 단수'를 뜬 조각입니다. 일반적인 생각으로는 같은 조건으로 뜨면 똑같이 나와야 할 텐데, 두 조각의 크기가 다릅니다. 왜 그럴까요?

바로 두 사람의 뜨는 힘이 달라서 그렇습니다. 사람마다 뜨는 힘이 다르기 때문에 뜨는 힘에 따라서 나오는 결과물의 크기도 달라지게 됩니다. 이 두 사람이 게이지 측정과 계산을 하지 않은 상태에서 같은 실과 바늘을 이용해서 같은 도안을 보고 옷을 뜨면, 한 명은 아동복 사이즈가 나오고 한 명은 성인복 사이즈가 나오게 될 것입니다.

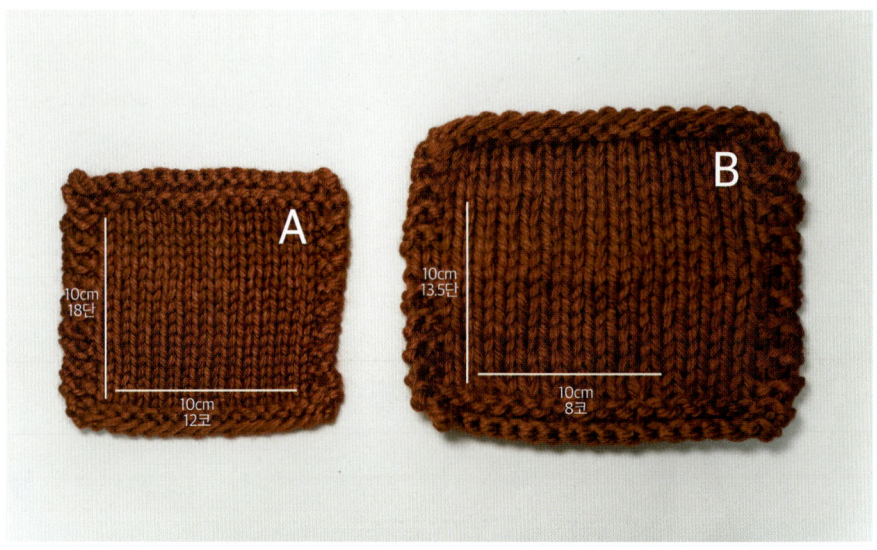

이 두 사람의 게이지를 측정해보도록 하겠습니다. A는 10cm 안에 12코, 18단이 들어가고 B는 10cm 안에 8코, 13.5단이 들어갑니다. (v자 모양을 가로로 세면 코, 세로로 세면 단이 됩니다.) 이를 바꿔 말하면, A는 폭이 10cm가 되는 목도리를 뜨려면 12코를 떠야 하고, B는 8코만 떠도 됩니다. 만약 A와 B가 같은 목도리 도안[12코를 잡고 겉뜨기로 쭉 뜨세요.]을 보고 목도리를 뜨게 된다면, A는 폭이 10cm가 되는 목도리를 뜨게 될 것이고, B는 10cm가 넘는 목도리를 뜨게 될 것입니다.

게이지는 가로 세로 10cm 안에 몇 코, 몇 단이 들어가는지 측정하는 수치입니다. 즉 코수와 단수를 cm 개념으로 환산하는 방법입니다. 10cm 안에 들어가는 코수와 단수를 알면, 1cm 안에 들어가는 코수와 단수도 소수점 단위로 알 수 있게 되고, 이것을 원하는 길이(cm)에 곱하면 원하는 코수와 단수도 얻을 수 있게 되는 것이지요.

코수와 단수는 절대적인 값이 아닙니다. 외부 요인에 따라서 항상 변하는 값입니다. 예를 들어, 위 사진처럼 같은 5코를 잡아도 굵은 실은 더 넓은 면적이고, 얇은 실은 훨씬 좁은 면적이 되죠. 그러니 "목도리 뜨려는데 몇 코 잡아야 할까요?"라는 질문은 성립하지 않습니다. 왜냐하면 코수는 뜨는 힘, 사용하는 바늘, 사용하는 실에 따라 변하는 값이기 때문입니다. 그래서 항상 주목해야 할 값은 cm입니다. cm는 외부 요인에 의해 변하지 않는 고정된 치수입니다.

앞에서 봤던 A와 B의 게이지로 돌아가보겠습니다. A와 B가 20cm 폭의 목도리를 뜨려면 각각 몇 코를 잡아야 할까요? A의 게이지는 10cm 안에 12코가 들어가 있고, B의 게이지는 10cm 안에 8코가 들어가 있습니다. 그러면 20cm 안에는 각각 24코과 16코가 들어가 있을 테니 24코와 16코를 잡으면 됩니다.

A와 B처럼 같은 실, 같은 바늘을 사용하더라도 게이지에 따라 같은 치수를 만들기 위한 코수가 달라지게 됩니다.

게이지 공식

게이지 공식은 다음과 같습니다.

> 코수 = 1cm 게이지 × cm
>
> cm = 코수 ÷ 1cm 게이지
>
> 내 게이지에 맞는 코수(단수) = [도안 코수(단수) ÷ 도안 게이지 코수(단수)] × 내 게이지 코수(단수)
>
> 비례식으로 표현하기 → 도안 게이지 : 도안 코수 = 내 게이지 : 내 코수

도안에 cm가 나와 있지 않고 오로지 코수와 단수로만 나와 있는 경우에도 계산이 가능합니다. 코수는 cm 곱하기 게이지이므로 도안 속 코수를 도안 게이지로 나누면 cm 산출이 가능합니다. cm값을 알면 이제 내 게이지에 맞춰 다시 계산을 할 수 있습니다.

공식이라고 해서 어려울 것이 없습니다. 간단한 곱셈, 나눗셈, 비례식만 알고 있으면 모든 도안에 적용하고 내 도안을 만들 수 있습니다. 처음에는 복잡한 수식처럼 느껴질 수 있어도, 한두 번 계산해보면 쉽게 이해가 될 것입니다.

게이지 예제 풀어보기

10cm 안에 몇 코가 들어 있는지 알았으니, 1cm 안에 몇 코가 들어가는지도 쉽게 알 수 있습니다. 만약 10cm 안에 12코가 들어간다면 1cm 안에는 1.2코가 들어가게 되는 것입니다. 단도 마찬가지입니다. 10cm 안에 13.5단이 들어간다면 1cm 안에는 1.35단이 들어가는 거죠(소수점 둘째자리까지 남겨줍니다). 1cm 안에 몇 코/몇 단이 들어가는지 알았으니, 이제 원하는 cm값에 바로 곱해주기만 하면 됩니다. 쉽게 이해할 수 있기 위해 몇 가지 예제를 풀어보도록 하겠습니다.

> **예제 1** 김과장의 게이지는 10cm×10cm 18코 20단입니다. 김과장은 모자를 뜨려고 합니다. 김과장의 머리둘레는 60cm입니다. 김과장은 몇 코를 잡아야 할까요? (머리둘레만큼 코를 잡아야 합니다.)
>
> ---
>
> **예제 2** 김과장의 게이지는 10cm×10cm 18코 20단입니다. 김과장이 구입한 도안의 설명은 아래와 같습니다.
>
> 게이지: 10cm×10cm 25코 27단
> 설명: 100코를 잡고 8cm가 될 때까지 뜨세요.
> 김과장의 게이지로 몇 코, 몇 단을 떠야 할까요?
>
> 예제 1 정답: 1.8×60 = 108코, 예제 2 정답: 72코 16단

게이지 떠보기

이제 본인이 가지고 있는 실과 바늘을 이용하여 게이지를 떠보도록 하겠습니다. 어렵게 생각할 것 없이, 그냥 네모난 조각을 떠서 그 안에 몇 코, 몇 단이 들어가는지 확인하는 것입니다. 게이지는 기본적으로 '메리야스' 무늬를 떠서 만듭니다. (만약 꽈배기 무늬가 들어간 스웨터를 만든다면 꽈배기 무늬 게이지를 만들어야 합니다.) 메리야스 무늬는 아래에서 보는 것과 같이 v자 모양으로 이루어진 무늬입니다. 흔히 니트 의류에서 많이 보이는 형태로, 대바늘 뜨개질에서 가장 기초적으로 사용하는 무늬입니다.

메리야스 무늬는 원통뜨기에서는 겉뜨기만 떠서 만들 수 있으며, 평면뜨기를 한다면 겉뜨기 1단, 안뜨기 1단을 떠서 만들 수 있습니다. 먼저 평면뜨기 게이지를 측정해보도록 하겠습니다.

지금 가지고 있는 실의 띠지를 보면, 다음과 같은 설명이 있습니다.

이 띠지의 뜻은 "이 실은 10mm 바늘을 이용해서 떴을 때 10cm 안에 10코(10 Stitches)와 14단(14 Rows)이 들어가는 게이지를 가지고 있습니다."입니다. 여기서 이 게이지는 평균적인 값이기 때문에, 직접 떠보고 본인의 게이지를 측정해봐야 합니다. 이 실은 10mm 바늘을 이용하면 10cm 안에 10코가 나오기 때문에, 저희는 더 큰 조각을 떠서 10cm를 측정해줘야 합니다. 넉넉하게 16코 정도를 잡아줍니다. 그래야 10cm를 원활하게 측정할 수 있으니까요. 만약 실에 띠지가 없는 경우에는 10cm 이상을 떠줄 수 있을 만큼 넉넉하게 코를 잡아줍니다. 적게 잡으면 정확한 측정이 불가능하니 최대한 넉넉하게 잡는 것이 좋습니다.

충분하게 코를 잡고, 다음 서술형 도안을 보며 게이지를 떠줍니다.

> 겉뜨기로 3단을 떠줍니다. 그다음 아래 2단을 계속 반복하여 메리야스 부분 길이가 10cm 이상이 될 때까지 떠줍니다.
>
> 다음 단: 겉뜨기 3코, 마지막 3코 남을 때까지 안뜨기, 겉뜨기 3코
>
> 다음 단: 겉뜨기로 모든 코를 떠줍니다.
>
> 위 2단을 반복하여 메리야스 부분이 10cm 이상이 될 때까지 떠주었으면, 겉뜨기 3단을 더 뜨고 코막음하여 마무리합니다.

이제 게이지가 완성되었습니다. 가로 세로 10cm 안에 몇 코, 몇 단이 들어가는지 확인해주세요.

탑다운에서는 주로 원통뜨기를 이용하니 원통 게이지를 측정해주는 게 가장 정확합니다. 평면뜨기는 메리야스 무늬를 만들기 위해서 겉뜨기 1단, 안뜨기 1단을 반복하지만 원통뜨기는 겉뜨기로만 떠도 메리야스 무늬가 나옵니다. 그렇기 때문에 겉뜨기와 안뜨기의 장력 차이가 많이 난다면 원형 게이지를 측정하는 것이 좋습니다. 아래 동영상을 참고하여 원통 게이지도 떠보고, 평면 게이지와 비교해보세요.

원통 게이지 뜨는 방법

게이지 세탁하기

니트 소재 의류는 세탁 전/후 차이가 나는 경우가 많습니다. 그래서 게이지를 뜬 후 세탁을 하고 측정을 해야 최종 결과물 세탁 후 치수와 동일하게 나옵니다. 여기서 중요한 포인트는 본인이 뜬 니트를 앞으로 어떻게 관리할 것인지에 따라 게이지 세탁을 어떻게 할지 결정해주어야 합니다. 만약 본인이 니트를 뜬 후 울샴푸 손빨래만 할 것이라면 게이지도 동일하게 세탁해주어야 합니다. 만약 세탁기 울코스를 사용할 거라면 게이지도 동일하게 해주어야 합니다. 드라이클리닝으로 관리할 경우에는 축률의 변화가 거의 없기 때문에 따로 세탁을 하지 않아도 됩니다.

울샴푸 손세탁을 하거나 세탁기를 이용하여 세탁을 한 경우에는 꼭 블로킹을 한 상태에서 말려주어야 합니다. 블로킹은 아래에 여러 겹 접은 옷, 요가매트 등을 깔고 편물을 평평하게 한 후 시침핀을 꽂으면 됩니다. 이 상태에서 마를 때까지 둔 후, 게이지를 측정해주면 됩니다.

게이지 적용해서 내 머리에 맞는 모자 떠보기

위에서 산출한 게이지로 내 머리에 딱맞는 모자를 떠보도록 하겠습니다.

먼저 본인의 머리둘레를 측정합니다. 그다음 본인의 1cm 게이지를 곱해줍니다. 이제 모자 코수가 정해졌습니다. 꼭 그래야 하는 것은 아니지만, 코수는 짝수로 맞춰주는 게 편리합니다. 이제 다음 서술형 도안에 따라 모자를 떠줍니다.

> 머리둘레 코수만큼 코를 잡은 후, 시작 마커를 걸고 원형뜨기로 시작합니다. 1코 고무단(겉뜨기1, 안뜨기1 반복) 6cm를 떠줍니다. 그다음 겉뜨기로 원하는 모자 길이가 될 때까지 쭉 떠줍니다. 그다음 2코 한 번에 겉뜨기를 단이 끝날 때까지 반복해줍니다.

모자 마무리하기

1 도안대로 다 뜬 후 실을 15cm 정도 남기고 잘라 줍니다.

2 왼쪽 바늘에 걸린 코부터 돗바늘에 모두 옮겨줍니다.

3 실을 당겨 오므려준 후, 안쪽으로 숨겨 마무리합니다.

4 모자 완성입니다.

게이지 내고 도안에 적용하기

- 도안의 게이지가 14코 17단인데, 내 게이지는 12코 15단인 경우 → 나는 도안보다 느슨하게 뜨는구나 → 그대로 뜨면 옷의 사이즈가 커짐 → 바늘 사이즈를 줄여서 게이지 조절해야 함
- 도안의 게이지가 14코 17단인데 내 게이지는 16코 20단인 경우 → 나는 도안보다 촘촘하게 뜨는구나 → 촘촘하게 뜨니 그대로 뜨면 사이즈가 작아짐 → 바늘 사이즈를 키워서 게이지 조절해야 함

"게이지를 낸다."는 것이 일일히 계산하는 것을 뜻하지는 않습니다. 도안의 게이지와 비교해보고, 내 게이지가 도안과 얼마나 차이 나는지 인지하고 약간의 조정을 통해 도안과 비슷한 게이지로 맞춘 뒤 진행하면 됩니다. 게이지 계산을 하는 것은 필수가 아닙니다. 게이지가 어떤 개념인지 알고, 게이지 차이에 따른 결과물의 변화를 아는 것이 중요합니다.

만약 도안과 굵기 차이가 많이 나는 실로 뜨고자 한다면, 게이지 계산을 해야 합니다. 실의 굵기 차이는 바늘 굵기 조절이나 힘 조절로 해결될 문제가 아니기 때문입니다. 도안은 기본적으로 샘플을 뜬 실과 바늘에 맞는 비율에 맞게 만들어져 있습니다. 게이지 계산을 해서 코수는 어느 정도 조절할 수 있지만, 실마다 단과 코의 비율이 다르고, 도안에 숨어 있는 규칙이 있는 경우가 많기 때문에 계산 상으로는 맞아도 전체적인 비율과 형태가 달라질 수 있습니다. 게이지 계산이 완벽하게 적용되려면 사선의 비율도 알아야 하고, 편물의 장력도 고려해야 하는 등 요구 조건이 많습니다. 그렇기 때문에 도안과 굵기 차이가 많이 나는 실로 새로 뜨고자 하면 어느 정도 비율이 달라진다는 것을 인지할 필요가 있습니다.

도안 게이지 계산 예시

도안 게이지: 14코 17단, 내 게이지: 22코 28단인 경우

도안에서 [30코를 잡는다, 혹은 뜬다]고 되어 있으면, '(30코 ÷ 도안 게이지) × 내 게이지' 하면 내 게이지에 맞는 코수가 나옵니다. 단수도 마찬가지로 해주면 됩니다.

게이지 계산기

핑고 트위드 터틀넥 탑다운 스웨터
Pingo Tweed Turtle Neck Top-down Sweater

작품 뜨는 법 81쪽

필 에어 페루 래글런 퍼프 탑다운 스웨터
Phil Air Peru Raglan Puff Top-down Sweater

작품 뜨는 법 85쪽

요크 펀칭 스웨터
Yoke Punching Sweater

작품 뜨는 법 89쪽

스퀘어 패턴 요크 스웨터
Square Pattern Yoke Sweater
작품 뜨는 법 94쪽

필 누아지 벌룬 탑다운 스웨터
Phil Nuage Balloon Top-down Sweater

작품 뜨는 법 99쪽

패션 아란 브이넥 탑다운 스웨터
Fashion Aran V-neck Top-down Sweater

작품 뜨는 법 103쪽

보이프렌드 래글런 탑다운 스웨터
Boyfriend Raglan Top-down Sweater

작품 뜨는 법 108쪽

알파카 스트라이프 스웨터
Alpaca Stripe Sweater
작품 뜨는 법 116쪽

필 익스프레스 카디건
Phil Express Cardigan
작품 뜨는 법 121쪽

모헤어 카디건
Mohair Cardigan

작품 뜨는 법 127쪽

마제스틱 새들 숄더 탑다운 스웨터
Majestic Saddle Shoulder Top-down Sweater

작품 뜨는 법 133쪽

필 라이트 피셔맨 탑다운 스웨터
Phil light Fisherman Top-down Sweater
작품 뜨는 법 140쪽

TOP-DOWN KNIT

PART 4

탑다운 작품과 도안

서술형 도안 읽는 방법

- 서술형 도안은 기호 도안과 달리 따로 읽는 방법을 배우지 않아도 읽을 수 있습니다. 예를 들어 [겉뜨기10, 안뜨기 15, 남은 코 모두 겉뜨기]라고 되어 있으면 겉뜨기 10코를 뜨고, 그다음엔 안뜨기 15코를 뜨고, 나머지 코들을 모두 겉뜨기하면 됩니다. 대부분 한 문장에 한 단으로 구성되어 있습니다. 한 단은 평면뜨기에서는 첫코부터 마지막코까지, 원형뜨기에서는 시작 마커로 다시 돌아올 때까지입니다.

- 직접 뜨기 전에 도안을 처음부터 끝까지 한 번 쭉 훑어보세요. 도안의 큰 제목이라도 먼저 봐두면 실제로 뜰 때 더 빨리 이해할 수 있습니다.

- 도안에 표기된 사이즈를 미리 확인하고, 원하는 사이즈를 선택해주세요. 그다음에 도안을 읽을 때에는 원하는 사이즈에 해당하는 자리의 코수만 보면 됩니다. 예를 들어 사이즈가 XS (S) M (L) XL로 되어 있고 코수가 10 (10) 10 (10) 12로 되어 있으면, S사이즈를 뜨는 경우 두 번째 자리에 해당하는 ( ) 안에 있는 숫자인 10만 보면 됩니다. S (M) L로 되어 있고 코수가 8 (9) 10으로 되어 있으면, L사이즈를 뜨는 경우 마지막 자리에 있는 숫자인 10만 보면 됩니다. 사이즈는 여러 개인데 코수나 반복 횟수가 한 가지만 있는 경우에는 모든 사이즈를 똑같이 뜨는 것입니다.

- 한 파트를 진행하기 전에, 그 파트의 모든 문장을 미리 꼼꼼히 읽어보고 시작하세요. 도안의 문장 안에 모든 해답이 있습니다. 전체 동영상 없이도 충분히 할 수 있으니 한 줄 한 줄 꼼꼼히 읽으며 그대로 따라해주시기 바랍니다.

- ▭ 안에 있는 부분이 떠야 하는 도안 부분입니다. 나머지 부분은 부연 설명이니 뜨면서 참고하세요.

- 중간에 줄 길이가 긴 바늘로 교체할 때: 뜨던 상태에서 오른쪽 바늘을 내려놓고 오른손에 바꿔줄 빈 바늘을 들어줍니다. 그대로 오른손에 들고 있는 바늘로 왼쪽 바늘에 걸린 코들을 다 떠줍니다. 모든 코를 다 뜨면 원래 뜨던 바늘에서 처음에 비어 있던 바늘로 모든 코가 옮겨간 것을 확인할 수 있습니다.

핑고 트위드 터틀넥 탑다운 스웨터
Pingo Tweed Turtle Neck Top-down Sweater

사이즈 XS (S) M (L) XL

모델 착용 사이즈 S

가슴둘레 93 (99) 105 (111) 114cm

옷 길이 44 (48) 52 (55) 58cm (목 고무단 아래부터 쟀을 때의 길이입니다.)

게이지 10cm×10cm 7mm 대바늘 메리야스 게이지 13.5코 19단

바늘 6.5mm 조립식 대바늘, 7mm 조립식 대바늘, 40cm 케이블, 80cm 케이블

실 핑고 트위드 1011 펄 100g 4 (5) 5 (5) 6볼

> 터틀넥 부분부터 떠서 래글런 형태로 옷을 만들어나가는 스웨터입니다. 래글런 라인은 항상 2코로 유지해주어 깔끔한 래글런 선을 만들고, 몸통 끝부분에 트임을 주고 뒤판을 더 길게 떠주어 활동성을 높였습니다. 실이 굵고 통이 넓어 빠르고 쉽게 완성할 수 있습니다.

목

TIP

코가 꼬이지 않게 원통뜨기로 시작합니다. 코 잡고 남은 실이 있는 바늘을 오른손에 잡고, 왼손에 잡은 바늘(처음 잡아준 코)에 겉뜨기를 해주면 원통뜨기가 시작됩니다.

조립식 대바늘이 아닌 일반 줄바늘로 뜰 경우 매직 루프 방식으로 떠줍니다.

40cm 케이블을 연결한 6.5mm 대바늘에 일반코로 62 (66) 66 (70) 74코를 원형으로 잡고, 1코 고무뜨기(겉뜨기1, 안뜨기1 반복)로 12cm(26단)가 될 때까지 뜹니다.

처음 시작할 때 시작 마커를 걸어 단의 첫코를 표시합니다. 원통으로 뜨며 시작 마커로 다시 되돌아오면 한 단(1단)입니다. 마커는 빼지 않고 바늘에 계속 옮겨주며 떠줍니다.

어깨 시작하기

어깨 1단: 7mm 바늘로 바꾸고, 겉뜨기 10 (10) 10 (10) 12코 뜨기, 마커 걸기, 겉뜨기 21 (23) 23 (25) 25코 뜨기, 마커 걸기, 겉뜨기 10 (10) 10 (10) 12코 뜨기, 마커 걸기, 겉뜨기 21 (23) 23 (25) 25코 뜨기

시작 마커를 포함하여 총 4개의 마커가 걸려 있게 됩니다. 여기서 마커를 기준으로 10 (10) 10 (10) 12코는 소매, 21 (23) 23 (25) 25코는 몸통이 됩니다. 시작 마커는 다른 마커들과 구분되는 색상이어야 헷갈리지 않습니다.

어깨 래글런 늘림

TIP

[겉뜨기1, 마커 넘기기, 겉뜨기1]은 래글런 선(목에서 겨드랑이까지 내려오는 대각선 선)이 됩니다. 앞으로 짝수 단에서는 마커가 걸린 래글런 선을 기준으로 양옆을 M1L, M1R로 늘려주는 방식입니다. 마커를 만나면 M1R, [겉뜨기, 마커 넘기기, 겉뜨기], M1L으로 뜨고 나머지 코들은 모두 겉뜨기로 떠준다고 생각하면 쉽습니다. 시작 마커 부분에서도 래글런 선이 생기니 M1L, M1R 늘림을 시작과 끝에 각각 한 번씩 해주는 겁니다.

2단: 겉뜨기1, M1L, 다음 마커 1코 전까지 겉뜨기, M1R, 겉뜨기1, 마커 넘기기, 겉뜨기1, M1L, 다음 마커 1코 전까지 겉뜨기, M1R, 겉뜨기1, 마커 넘기기, 겉뜨기1, M1L, 다음 마커 1코 전까지 겉뜨기, M1R, 겉뜨기1, 마커 넘기기, 겉뜨기1, M1L, 다음 마커(시작 마커) 1코 전까지 겉뜨기, M1R, 겉뜨기1

3단: 겉뜨기

2단 - 3단을 반복하여 37 (39) 41 (43) 45단까지 반복해줍니다.

중간에 80cm 케이블로 바꿔도 좋습니다.

마커가 총 4개가 있으니, [겉뜨기1, 마커 넘기기, 겉뜨기1] 양옆에서 M1R, M1L로 1코씩 늘리면 한 단에서 총 8코가 늘어납니다.

TIP
한 단은 늘리고, 한 단은 그냥 겉뜨기로 뜨는 것을 계속 반복하여 원하는 사이즈의 단이 될 때까지 뜹니다.

늘림단 첫코마다 단수 링(클립 형태)으로 표시를 해두면, 어디서 늘렸는지 확인할 수 있어 헷갈리지 않습니다.

37 (39) 41 (43) 45단에서 각 사이즈별로 총 코수가 맞는지 확인해주세요.

/는 마커입니다. 소매 / 몸통 / 소매 / 몸통

XS: 46 / 57 / 46 / 57 / 총 206코

S: 48 / 61 / 48 / 61 / 총 218코

M: 50 / 63 / 50 / 63 / 총 226코

L: 52 / 67 / 52 / 67 / 총 238코

XL: 56 / 69 / 56 / 69 / 총 250코

소매 분리

소매를 분리할 때에는 여분의 케이블과 마감 캡 혹은 자투리실과 돗바늘이 필요합니다. 소매 부분 코를 케이블이나 자투리실에 옮겨 쉬게 두고, 몸통 먼저 진행합니다. 이제 소매 코를 옮겨 소매를 분리해보도록 하겠습니다. 모든 마커는 빼도 좋습니다.

> 여분의 케이블과 마감 캡 혹은 자투리실과 돗바늘을 준비해주세요. 46 (48) 50 (52) 56코를 옮겨 쉬게 두고(소매 부분), 감아코 3 (3) 4 (4) 4코 만들고 마커(몸통 옆선 표시) 걸기, 감아코 3 (3) 4 (4) 4코 만든 후 겉뜨기로 57 (61) 63 (67) 69코를 떠줍니다(몸통 부분). 다시 46 (48) 50 (52) 56코를 옮겨 쉬게 두고(소매 부분), 감아코 3 (3) 4 (4) 4코 만들고 마커(몸통 옆선 표시) 걸기, 감아코 3 (3) 4 (4) 4코 만든 후 겉뜨기로 57 (61) 63 (67) 69코를 떠줍니다 (몸통 부분).

이제 시작 마커는 처음 걸어준 마커(몸통 옆선 표시)가 됩니다. 바늘에 걸린 총 코수는 126 (134) 142 (150) 154코입니다. 코수가 맞는지 확인해주세요. 바늘에 걸린 코들이 몸통 부분이 됩니다.

몸통 뜨기

TIP
평면 뜨기는 목도리 뜨듯이 뒤집어가며 뜨는 방식입니다. 코수가 홀수이므로 겉 안 겉 안 — 겉으로 끝나며, 다음 단에서는 안 겉 안 겉 — 안으로 끝납니다. 앞 두 단을 계속 반복하면 됩니다.

> 감아코 부분부터 몸통까지의 길이가 20 (23) 26 (28) 30cm가 될 때까지 겉뜨기로 쭉 떠줍니다.

입어보면서 원하는 길이만큼 떠도 됩니다. 샘플은 크롭 기장입니다.

몸통을 길이만큼 뜨면, 시작 마커부터 다음 몸통 옆선 마커까지의 코들을 여분의 케이블과 마감 캡 혹은 자투리실과 돗바늘을 이용해 코를 옮겨 쉬게 둡니다. (몸통 앞판과 뒤판을 나누어 각각 떠주는 겁니다.) 이제부터 원통뜨기가 아닌 평면뜨기를 시작합니다. 바늘에 걸려 있는 63 (67) 71 (75) 77코를 6.5mm 바늘을 이용하여 1코 고무뜨기(겉뜨기1, 안뜨기1 반복)로 6cm(12단)를 떠줍니다. 겉뜨기는 겉뜨기대로, 안뜨기는 안뜨기대로 떠서 코막음합니다.

쉬게 둔 반대쪽 몸통 코를 다시 6.5mm 바늘에 끼우고, 1코 고무뜨기(겉뜨기1, 안뜨기1 반복)로 8cm(18단)를 떠줍니다. 겉뜨기는 겉뜨기대로, 안뜨기는 안뜨기대로 떠서 코막음합니다.

소매 뜨기

쉬게 두었던 46 (48) 50 (52) 56코를 다시 7mm 바늘에 끼워주고, 새 실을 잡아 몸통에서 감아코로 6 (6) 8 (8) 8코를 만들어준 부분에서 총 6 (6) 8 (8) 8코를 주워줍니다. 코를 주운 후 시작 마커를 걸어 소매단의 시작 부분을 표시합니다.

이제 바늘에 52 (54) 58 (60) 64코가 걸려 있게 됩니다.

언더암(감아코 부분)부터 40 (40) 43 (44) 45cm가 될 때까지 겉뜨기로 떠줍니다.

소매 고무단

이제 6.5mm 바늘로 바꾸고, 1코 고무뜨기(겉뜨기1, 안뜨기1 반복)로 6cm(12단)를 떠줍니다. 겉뜨기는 겉뜨기대로 뜨고 안뜨기는 안뜨기대로 떠서 코막음합니다.

반대쪽 소매도 똑같이 떠줍니다.

마무리

남은 실을 돗바늘을 이용해 정리해주고, 겨드랑이 부분 구멍도 돗바늘로 실을 연결하여 잘 오므려줍니다.

필 에어 페루 래글런 퍼프 탑다운 스웨터

Phil Air Peru Raglan Puff Top-down Sweater

Info

사이즈 XS (S) M (L) XL

모델 착용 사이즈 XS

가슴둘레 92 (93) 101 (104) 110cm

옷 길이 50 (52) 53 (54) 56cm

게이지 10cm×10cm 8mm 대바늘 메리야스 게이지 13코 17단

바늘 6mm 조립식 대바늘, 8mm 조립식 대바늘, 40cm 케이블, 80cm 케이블

실 필 에어 페루 2447 미네랄 50g 3 (4) 4 (5) 5볼

반팔 형태의 기본형 래글런 스웨터입니다. 래글런 라인은 항상 2코로 유지해주어 깔끔한 래글런 선을 만들어줍니다. 퍼프 형태의 짧은 소매로 여성스러운 느낌을 극대화할 수 있습니다. 래글런 탑다운의 기본 형태로, 목은 나중에 주워서 떠주기 때문에 목 부분 늘어짐 현상이 적습니다.

목 부분

TIP
코가 꼬이지 않게 원통뜨기로 시작합니다. 코 잡고 남은 실이 있는 바늘을 오른손에 잡고, 왼손에 잡은 바늘(처음 잡아준 코)에 겉뜨기를 해주면 원통뜨기가 시작됩니다.

조립식 대바늘이 아닌 일반 줄바늘로 뜰 경우 매직 루프 방식으로 떠줍니다.

TIP
[겉뜨기1, 마커 넘기기, 겉뜨기1]은 래글런 선(목에서 겨드랑이까지 내려오는 대각선 선)이 됩니다. 앞으로 짝수 단에서는 마커가 걸린 래글런 선을 기준으로 양 옆을 M1L, M1R로 늘려주는 방식입니다. 마커를 만나면 M1R, [겉뜨기, 마커 넘기기, 겉뜨기], M1L으로 뜨고 나머지 코들은 모두 겉뜨기로 떠준다고 생각하면 쉽습니다. 시작 마커 부분에서도 래글런 선이 생기니 M1L, M1R 늘림을 시작과 끝에 각각 한 번씩 해주는 겁니다.

한 단은 늘리고, 한 단은 그냥 겉뜨기로 뜨는 것을 계속 반복하여 원하는 사이즈의 단이 될 때까지 뜹니다.

늘림단 첫코마다 단수 링(클립 형태)으로 표시를 해두면, 어디서 늘렸는지 확인할 수 있어 헷갈리지 않습니다.

40cm 케이블을 연결한 8mm 대바늘에 일반코로 52 (58) 60 (60) 62코를 원형으로 잡아줍니다.

1단: 겉뜨기 8 (10) 10 (10) 10코 뜨기, 마커 걸기, 겉뜨기 18 (19) 20 (20) 21코 뜨기, 마커 걸기, 겉뜨기 8 (10) 10 (10) 10코 뜨기, 마커 걸기, 겉뜨기 18 (19) 20 (20) 21코 뜨기, 마커 걸기

마지막 마커는 단의 시작점을 표시해주므로 다른 색상이나 모양으로 구분하기 쉽게 걸어둡니다. 원통으로 뜨며 시작 마커로 다시 되돌아오면 한 단(1단)입니다. 마커는 빼지 않고 바늘에 계속 옮겨주며 떠줍니다. 여기서 마커를 기준으로 8 (10) 10 (10) 10코는 소매, 18 (19) 20 (20) 21코는 몸통이 됩니다.

2단: 겉뜨기1, M1L, 다음 마커 1코 전까지 겉뜨기, M1R, 겉뜨기1, 마커 넘기기, 겉뜨기1, M1L, 다음 마커 1코 전까지 겉뜨기, M1R, 겉뜨기1, 마커 넘기기, 겉뜨기1, M1L, 다음 마커 1코 전까지 겉뜨기, M1R, 겉뜨기1, 마커 넘기기, 겉뜨기1, M1L, 다음 마커(시작 마커) 1코 전까지 겉뜨기, M1R, 겉뜨기1

3단: 겉뜨기

2단 - 3단을 반복하여 35 (35) 39 (41) 43단까지 반복해줍니다.

중간에 80cm 케이블로 바꿔도 좋습니다.

35 (35) 39 (41) 43단에서 각 사이즈별로 총 코수가 맞는지 확인해주세요.

/는 마커입니다.

XS: 42 / 52 / 42 / 52 / 총 188코

S: 44 / 53 / 44 / 53 / 총 194코

M: 48 / 58 / 48 / 58 / 총 212코

L: 50 / 60 / 50 / 60 / 총 220코

XL: 52 / 63 / 52 / 63 / 총 230코

소매 분리

소매를 분리할 때에는 여분의 케이블과 마감 캡 혹은 자투리실과 돗바늘이 필요합니다. 소매 부분 코를 케이블이나 자투리실에 옮겨 쉬게 두고, 몸통 먼저 진행합니다. 이제 소매 코를 옮겨 소매를 분리해보도록 하겠습니다. 시작 마커를 제외한 모든 마커는 빼도 좋습니다.

> 여분의 케이블과 마감 캡 혹은 자투리실과 돗바늘을 준비해주세요. 42 (44) 48 (50) 52코를 옮겨 쉬게 두고(소매 부분), 감아코로 8코를 만들어줍니다. 만든 후 겉뜨기로 52 (53) 58 (60) 63코를 떠줍니다(몸통 부분). 다시 42 (44) 48 (50) 52코를 옮겨 쉬게 두고(소매 부분), 감아코로 8코를 만들어줍니다. 만든 후 겉뜨기로 52 (53) 58 (60) 63코를 떠줍니다(몸통 부분).

다시 마커 시작 부분으로 돌아왔습니다. 이제 바늘에 120 (122) 132 (136) 142코가 걸려 있습니다. 코수가 맞는지 확인해주세요. 바늘에 걸린 코들이 몸통 부분이 됩니다.

몸통 뜨기

> 목부터 몸통길이가 41 (43) 43 (46) 46cm가 될 때까지 겉뜨기로 떠주세요.

입어보면서 원하는 길이만큼 떠도 됩니다.

> 몸통을 길이만큼 뜨면 6mm 바늘로 바꾸고, 1코 고무뜨기(겉뜨기1, 안뜨기1 반복)로 6cm를 떠줍니다. 겉뜨기는 겉뜨기대로, 안뜨기는 안뜨기대로 떠서 코막음합니다.

소매 뜨기

> 실을 잡아 몸통에서 감아코로 8코를 만들어준 부분에서 총 8코를 주워줍니다.
> 그다음 쉬게 두었던 42 (44) 48 (50) 52코를 다시 바늘에 끼워주고, 겉뜨기로 떠줍니다.

겉뜨기가 끝나면 마커를 걸어 소매단 시작 부분을 표시합니다. 이제 바늘에 50 (52) 56 (58) 60코가 걸려 있게 됩니다.

> 언더암(감아코 부분)부터 10 (12) 12 (13) 13cm가 될 때까지 겉뜨기로 떠줍니다.

소매 코줄이기, 고무단

소매를 길이만큼 뜬 후에는 소매의 볼륨을 위해 코를 반으로 줄이고 고무단을 떠줍니다. 이때 코수가 적어지기 때문에 숏팁 바늘, 장갑바늘을 이용하거나 긴 줄바늘로 매직 루프 기법을 이용하여 떠주면 됩니다.

고무단을 뜨기 전에 코를 반으로 줄여줍니다. 마지막 2 (0) 0 (2) 0코가 남을 때까지 2코를 한 번에 겉뜨기해줍니다.

이제 6mm 바늘로 바꾸고, 1코 고무뜨기(겉뜨기1, 안뜨기1 반복)로 4cm를 떠줍니다.

겉뜨기는 겉뜨기대로 뜨고 안뜨기는 안뜨기대로 떠서 코막음합니다. 이때 매우 느슨하게 해야 팔이 조이지 않습니다. 1코 고무단 돗바늘 마무리 방법을 이용하면 더 신축성 있게 마무리됩니다.

반대쪽 소매도 똑같이 떠줍니다.

목둘레

6mm 대바늘을 이용하여 목둘레에서 새 실을 걸어 코를 주워줍니다.

총 52 (58) 60 (60) 62코.

1코 고무뜨기로 6단(3.5cm)을 뜨고 덮어씌워 코막음 혹은 1코 고무단 돗바늘 마무리해줍니다. (목 부분이 좁은 편이라 1코 고무단 돗바늘 마무리를 추천드립니다.)

마무리

남은 실을 다 정리해주고, 겨드랑이 부분 구멍도 돗바늘로 실을 연결하여 잘 오므려줍니다.

요크 펀칭 스웨터

Yoke Punching Sweater

사이즈 XS (S) M (L) XL

모델 착용 사이즈 XS

가슴둘레 84 (90) 98 (102) 108cm

옷 길이 55 (59) 63 (67) 70cm

게이지 10cm×10cm 4mm 대바늘 메리야스 게이지 20코 31단

바늘 4mm 조립식 대바늘, 40cm 케이블, 80cm 케이블

실 킹콜 코튼 탑 4221 스톤 100g 4 (4) (5) 5 (6)볼

서큘러 요크 스타일 기본형 스웨터입니다. 늘림 부분을 일정한 단에 분배하여 늘려주기 때문에 둥그런 어깨선이 나오는 것이 특징입니다. 늘림 부분에서 구멍을 의도적으로 내주며 무늬를 만들어 포인트를 주었습니다. 끝단을 고무단 처리하지 않고 몸에 딱 맞게 만든 디자인으로 외투 안에 입기 좋습니다.

요크, 어깨, 목 부분

40cm 케이블을 연결한 4mm 대바늘에 80 (88) 96 (100) 108코를 원형으로 잡습니다. 시작 마커를 걸고 시작합니다.

코를 잡고 겉뜨기로 3단을 떠줍니다.

TIP
코가 꼬이지 않게 원통뜨기로 시작합니다. 코 잡고 남은 실이 있는 바늘을 오른손에 잡고, 왼손에 잡은 바늘(처음 잡아준 코)에 겉뜨기를 해주면 원통뜨기가 시작됩니다. 원통으로 뜨며 시작 마커로 다시 되돌아오면 한 단(1단)입니다. 마커는 빼지 않고 바늘에 계속 옮겨주며 떠줍니다.

어깨 코늘림 part 1

요크 펀칭 티의 코늘림(이하 코늘리기)은 구멍을 의도적으로 만들어주며 코를 늘려줍니다. M1L 방식과 비슷하지만 꼬아뜨기를 하지 않습니다. 다음 사진을 보고 참고하세요.

1 오른쪽 바늘에 코와 코 사이에 있는 실을 사진처럼 걸어줍니다.

2 겉뜨기하듯이 바늘에 실을 감아줍니다.

3 실을 감은 상태에서 겉뜨기하듯이 걸어서 끌고 나옵니다.

4 코늘리기 완성

[겉뜨기2, 코늘리기 1번] 단이 끝날 때까지 반복해줍니다.

이제 바늘에 걸린 코수는 120 (132) 144 (150) 162입니다. 코수가 맞는지 확인해주세요. 60cm 케이블로 바꿔도 좋습니다.

목 시작 부분부터 길이가 3 (3) 3.5 (3.5) 3.5cm가 될 때까지 겉뜨기로 계속 떠줍니다.

어깨 코늘림 part 2

[겉뜨기3, 코늘리기 1번] 단이 끝날 때까지 반복

이제 바늘에 걸린 코수는 160 (176) 192 (200) 216입니다. 코수가 맞는지 확인해주세요.

목 시작 부분부터 길이가 6 (6) 6.5 (6.5) 7cm가 될 때까지 겉뜨기로 계속 떠줍니다.

어깨 코늘림 part 3

[겉뜨기4, 코늘리기 1번] 단이 끝날 때까지 반복

이제 바늘에 걸린 코수는 200 (220) 240 (250) 270입니다. 코수가 맞는지 확인해주세요. 100cm 케이블로 바꿔도 좋습니다.

목 시작 부분부터 길이가 9 (9) 10 (11) 12cm가 될 때까지 겉뜨기로 계속 떠줍니다.

어깨 코늘림 part 4

[겉뜨기5, 코늘리기 1번] 단이 끝날 때까지 반복

이제 바늘에 걸린 코수는 240 (264) 288 (300) 324입니다. 코수가 맞는지 확인해주세요.

이제 코늘림 part가 끝났습니다. 목 시작 부분부터 길이가 20 (22) 24 (26) 27cm가 될 때까지 겉뜨기로 계속 떠줍니다.

이제 요크 부분이 끝났습니다. 다음 파트는 마커 부분부터 시작하므로 마커까지 떠주세요.

어깨무늬 참고 사진

소매 분리

소매를 분리할 때에는 여분의 케이블과 마감 캡 혹은 자투리실과 돗바늘이 필요합니다. 소매 부분 코를 케이블이나 자투리실에 옮겨 쉬게 두고, 몸통 먼저 진행합니다. 이제 소매 코를 옮겨 소매를 분리해보도록 하겠습니다.

> 여분의 케이블과 마감 캡 혹은 자투리실과 돗바늘을 준비해주세요. 46 (52) 56 (58) 64코를 옮겨 쉬게 두고(소매 부분), 감아코로 10 (10) 10 (12) 12코를 만들어줍니다. 만든 후 겉뜨기로 74 (80) 88 (92) 98코를 떠줍니다(몸통 부분). 다시 46 (52) 56 (58) 64코를 옮겨 쉬게 두고(소매 부분), 감아코로 10 (10) 10 (12) 12코를 만들어줍니다. 만든 후 겉뜨기로 74 (80) 88 (92) 98코를 떠줍니다(몸통 부분).

다시 마커 시작 부분으로 돌아왔습니다. 이제 바늘에 168 (180) 196 (208) 220코가 걸려 있습니다. 코수가 맞는지 확인해주세요.

몸통 뜨기

> 겉뜨기로 감아코 부분부터 35 (37) 39 (41) 43cm가 될 때까지 떠주고 코막음하여 마무리합니다.

입어보면서 원하는 길이만큼 떠도 됩니다.

소매 뜨기

실을 잡아 몸통에서 감아코로 10 (10) 10 (12) 12코를 만들어준 부분에서 총 10 (10) 10 (12) 12코를 주워줍니다. 그다음 쉬게 두었던 46 (52) 56 (58) 64코를 바늘에 다시 끼우고 겉뜨기로 떠줍니다.

겉뜨기가 끝나면 마커를 걸어 소매단 시작 부분을 표시합니다. 이제 바늘에 총 56 (62) 66 (70) 76코가 걸려 있게 됩니다.

언더암(감아코 부분)부터 27 (27) 28 (29) 30cm가 될 때까지 뜨고 코막음하여 마무리합니다.

7부 기장의 소매이므로 입어보면서 원하는 길이만큼 떠도 됩니다.

반대쪽 소매도 똑같이 떠줍니다.

마무리

남은 실을 다 정리해주고, 겨드랑이 부분 구멍도 돗바늘로 실을 연결하여 잘 오므려줍니다.

코디 제안: 몸에 붙는 디자인으로 간절기에 재킷 안에 가볍게 입을 수 있습니다.

스퀘어 패턴 요크 스웨터

Square Pattern Yoke Sweater

Info

사이즈 12~18개월 사이즈

가슴둘레 52cm

옷 길이 26cm

게이지 10cm×10cm 3.5mm 대바늘 겉뜨기 안뜨기 무늬 게이지 28코 33단

바늘 3.5mm 조립식 대바늘, 40cm 케이블, 60cm 케이블

실 필 소프트 + 108906 파우더블루 25g 4볼

독특한 패턴의 아동용 스웨터입니다. 규칙적인 무늬를 만들며 늘려가기 때문에 지루하지 않게 뜰 수 있습니다. 8mm 이상의 굵은 바늘과 굵은 실을 사용하여 같은 코 수로 뜨면 성인 사이즈로도 만들 수 있습니다.

목 부분

TIP

코가 꼬이지 않게 원통뜨기로 시작합니다. 코 잡고 남은 실이 있는 바늘을 오른손에 잡고, 왼손에 잡은 바늘(처음 잡아준 코)에 겉뜨기를 해주면 원통뜨기가 시작됩니다.

조립식 대바늘이 아닌 일반 줄바늘로 뜰 경우 매직 루프 방식으로 떠줍니다.

40cm 케이블을 연결한 3.5mm 대바늘에 일반코로 84코를 원형으로 잡아줍니다. 마커를 걸어 시작 부분을 표시해줍니다.

어깨 무늬 1(3코 규칙)

1~7단: [겉3, 안3]을 단이 끝날 때까지 반복해줍니다(총 7단).

8단: [겉2, M1L, 겉1, 안1, pfb, 안1]을 단이 끝날 때까지 반복해줍니다.

어깨 무늬 2(4코 규칙)

9~15단: [안4, 겉4]를 단이 끝날 때까지 반복해줍니다(총 7단).

16단: [안2, pfb, 안1, 겉3, M1L, 겉1]을 단이 끝날 때까지 반복해줍니다.

어깨 무늬 3(5코 규칙)

17~24단: [겉5, 안5]를 단이 끝날 때까지 반복해줍니다(총 8단).

25단: [겉4, M1L, 겉1, 안3, pfb, 안1]을 단이 끝날 때까지 반복해줍니다.

어깨 무늬 4(6코 규칙)

26~34단: [안6, 겉6]을 단이 끝날 때까지 반복해줍니다(총 9단).

35단: [안4, pfb, 안1, 겉5, M1L, 겉1]을 단이 끝날 때까지 반복해줍니다.

중간에 60cm 케이블로 바꿔도 좋습니다.

어깨 무늬 5(7코 규칙)

36~45단: [겉7, 안7]을 단이 끝날 때까지 반복해줍니다(총 10단).

*이번 무늬는 늘림이 없습니다.

총 코수: 196코(28네모칸×7코)

소매 분리

소매를 분리할 때에는 여분의 케이블과 마감 캡 혹은 자투리실과 돗바늘이 필요합니다. 소매 부분 코를 케이블이나 자투리실에 옮겨 쉬게 두고, 몸통 먼저 진행합니다. 이제 소매 코를 옮겨 소매를 분리해보도록 하겠습니다. 시작 마커를 제외한 모든 마커는 빼도 좋습니다.

여분의 케이블과 마감 캡 혹은 자투리실과 돗바늘을 준비해주세요. 42코(네모칸 6개)를 옮겨 쉬게 두고(소매 부분), 감아코로 14코를 만들어줍니다. 만든 후 겉뜨기로 56코(네모칸 8개)를 떠줍니다(몸통 부분). 다시 42코(네모칸 6개)를 옮겨 쉬게 두고(소매 부분), 감아코로 14코를 만들어줍니다. 만든 후 겉뜨기로 56코(네모칸 8개)를 떠줍니다(몸통 부분).

다시 마커 시작 부분으로 돌아왔습니다. 이제 바늘에 140코가 걸려 있습니다. 코수가 맞는지 확인해주세요. 바늘에 걸린 코들이 몸통 부분이 됩니다.

몸통 뜨기

[안7, 겉7]로 시작하여, 네모칸이 세로로 7칸 만들어질 때까지 무늬를 번갈아가며 떠줍니다. 한 무늬는 11단입니다. [안7, 겉7] 11단이 끝나면 다음 무늬는 [겉7, 안7] 11단입니다. 이렇게 7칸이 될 때까지 반복하여 떠줍니다. 감아코 부분은 14코이므로 처음 시작할 때 무늬가 보이지 않아도 안7, 겉7로 떠줍니다.

몸통을 7칸 무늬로 떴으면, 다음 단은 [2코 한 번에 겉뜨기, 겉뜨기3, 2코 한 번에 겉뜨기, 2코 한 번에 안뜨기, 안뜨기3, 2코 한 번에 안뜨기]를 단이 끝날 때까지 뜨고, 무늬를 맞춰 7단을 뜹니다. (겉뜨기엔 겉뜨기, 안뜨기엔 안뜨기로 무늬 모양을 바꾸지 않고 맞춰서 떠줍니다.) 7단을 다 뜬 후 겉뜨기는 겉뜨기대로 뜨고 안뜨기는 안뜨기대로 떠서 코막음합니다.

소매 뜨기

TIP
소매통이 좁으므로 매직 루프 방식으로 뜨거나 장갑바늘, 숏팁 바늘을 사용하면 좋습니다.

소매 감아코 부분을 다 줍지 않는 이유는, 규칙을 맞추려고 다 줍게 되면 소매통이 너무 넓어지고 겨드랑이 부분이 어색해지기 때문입니다.

실을 잡아 몸통에서 감아코로 14코를 만들어준 부분에서 총 8코를 주워줍니다. 코를 주울 때 1코 거르고 2코는 맞춰서 줍고, 1코 거르고 2코는 맞춰서 줍고, 2코 거르고 2코는 맞춰서 줍고, 1코 거르고 2코는 맞춰서 줍고, 1코 거르고 쉬게 두었던 42코를 다시 바늘에 끼워줍니다.

소매 감아코 부분

감아코로 주운 부분은 안4, 겉4로 뜨고, 소매 둘레 부분은 안7, 겉7로 떠줍니다.

몸통과 마찬가지로 네모칸이 세로로 7칸 만들어질 때까지 무늬를 번갈아가며 떠줍니다. 한 무늬는 11단입니다. [안7, 겉7] 11단이 끝나면 다음 무늬는 [겉7, 안7] 11단입니다. 이렇게 7칸이 될 때까지 반복하여 떠줍니다. 감아코 부분만 안4, 겉4 규칙 혹은 겉4, 안4 규칙으로 떠줍니다.

소매 마무리

소매를 7칸 무늬로 떴으면, 다음 단은 [2코 한 번에 겉뜨기, 겉뜨기3, 2코 한 번에 겉뜨기, 2코 한 번에 안뜨기, 안뜨기3, 2코 한 번에 안뜨기]를 단이 끝날 때까지 뜨고, 무늬를 맞춰 5단을 뜹니다. (겉뜨기엔 겉뜨기, 안뜨기엔 안뜨기로 무늬 모양을 바꾸지 않고 맞춰서 떠줍니다.)

겉뜨기는 겉뜨기대로 뜨고 안뜨기는 안뜨기대로 떠서 코막음합니다. 이때 매우 느슨하게 해야 팔이 조이지 않습니다.

반대쪽 소매도 똑같이 떠줍니다.

마무리

남은 실을 다 정리해주고, 겨드랑이 부분 구멍도 돗바늘로 실을 연결하여 잘 오므려줍니다.

필 누아지 벌룬 탑다운 스웨터
Phil Nuage Balloon Top-down Sweater

Info

사이즈 XS (S) M (L) XL

모델 착용 사이즈 M

가슴둘레 96 (102) 108 (112) 118cm

옷 길이 50 (52) 53 (54) 56cm

게이지 10cm×10cm 12mm 대바늘 메리야스 게이지 10코 14단

바늘 12mm 조립식 대바늘, 8mm 조립식 대바늘, 40cm 케이블, 80cm 케이블

실 필 누아지 1192 베이지 50g 4 (4) 4 (5) 5볼

> 굵은 바늘로 빠르게 뜨는 기본형 래글런 스웨터입니다. 래글런 선을 kfb 늘림으로 만들어서 M1R/M1L 늘림과는 다른 선의 차이를 느낄 수 있습니다. 목은 나중에 주워서 떠주기 때문에 목 부분 늘어짐 현상이 적습니다.

목 부분

TIP
코가 꼬이지 않게 원통뜨기로 시작합니다. 코 잡고 남은 실이 있는 바늘을 오른손에 잡고, 왼손에 잡은 바늘(처음 잡아준 코)에 겉뜨기를 해주면 원통뜨기가 시작됩니다.

조립식 대바늘이 아닌 일반 줄바늘로 뜰 경우 매직 루프 방식으로 떠줍니다.

TIP
이제 마커를 만날 때마다 마커 기준으로 양옆 코는 늘려주면 됩니다. 단의 첫코 옆에도 마커가 있으니, 첫코부터 kfb로 늘려주면 됩니다. 2단의 마지막코 옆에도 마커가 있으니 마지막코도 kfb로 늘려주면 됩니다.

TIP
한 단은 마커 양옆은 kfb로 늘리고, 한 단은 그냥 겉뜨기로 쭉 뜨는 것을 계속 반복하여 원하는 사이즈의 단이 될 때까지 뜹니다.

늘림단 첫코마다 단수 링(클립 형태)으로 표시를 해두면, 어디서 늘렸는지 확인할 수 있어 헷갈리지 않습니다.

중간 중간 각 소매/몸통 부분의 코수가 대칭으로 잘 늘어나고 있는지 체크해주세요.

> 40cm 케이블을 연결한 12mm 대바늘에 일반코로 52 (58) 60 (60) 62코를 원형으로 잡아줍니다.
>
> 1단: 겉뜨기 8 (10) 10 (10) 10코 뜨기, 마커 걸기, 겉뜨기 18 (19) 20 (20) 21코 뜨기, 마커 걸기, 겉뜨기 8 (10) 10 (10) 10코 뜨기, 마커 걸기, 겉뜨기 18 (19) 20 (20) 21코 뜨기, 마커 걸기

마지막 마커는 단의 시작점을 표시해주므로 다른 색상이나 모양으로 구분하기 쉽게 걸어둡니다. 원통으로 뜨며 시작 마커로 다시 되돌아오면 한 단(1단)입니다. 마커는 빼지 않고 바늘에 계속 옮겨주며 떠줍니다. 여기서 마커를 기준으로 8 (10) 10 (10) 10코는 소매, 18 (19) 20 (20) 21코는 몸통이 됩니다.

> 2단: 시작 마커 넘기기, kfb, 마커 1코 전까지 겉뜨기, kfb, 마커 넘기기, kfb, 마커 1코 전까지 겉뜨기, kfb, 마커 넘기기, kfb, 마커 1코 전까지 겉뜨기, kfb, 마커 넘기기, kfb, 마커 1코 전까지 겉뜨기, kfb

마커가 총 4개 있으니, 마커 양옆 코를 1코씩 늘리면 한 단에서 총 8코가 늘어납니다.

> 3단: 겉뜨기
>
> 2단-3단을 반복하여 21 (23) 25 (27) 29단까지 반복해줍니다.

중간에 80cm 케이블로 바꿔도 좋습니다.

21 (23) 25 (27) 29단에서 각 사이즈별로 총 코수가 맞는지 확인해주세요.

/는 마커입니다.

XS: 28 / 38 / 28 / 38 / 총 132코

S: 32 / 41 / 32 / 41 / 총 146코

M: 34 / 44 / 34 / 44 / 총 156코

L: 36 / 46 / 36 / 46 / 총 164코

XL: 38 / 49 / 38 / 49 / 총 174코

소매 분리

소매를 분리할 때에는 여분의 케이블과 마감 캡 혹은 자투리실과 돗바늘이 필요합니다. 소매 부분 코를 케이블이나 자투리실에 옮겨 쉬게 두고, 몸통 먼저 진행합니다. 이제 소매 코를 옮겨 소매를 분리해보도록 하겠습니다. 시작 마커를 제외한 모든 마커는 빼도 좋습니다.

> 여분의 케이블과 마감 캡 혹은 자투리실과 돗바늘을 준비해주세요. 28 (32) 34 (36) 38코를 옮겨 쉬게 두고(소매 부분), 감아코로 10코를 만들어줍니다. 만든 후 겉뜨기로 38 (41) 44 (46) 49코를 떠줍니다(몸통 부분). 다시 28 (32) 34 (36) 38코를 옮겨 쉬게 두고(소매 부분), 감아코로 10코를 만들어줍니다. 만든 후 겉뜨기로 38 (41) 44 (46) 49코를 떠줍니다(몸통 부분).

다시 마커 시작 부분으로 돌아왔습니다. 이제 바늘에 96 (102) 108 (112) 118코가 걸려 있습니다. 코수가 맞는지 확인해주세요. 바늘에 걸린 코들이 몸통 부분이 됩니다.

몸통 뜨기

> 목부터 몸통길이가 41 (43) 43 (46) 46cm가 될 때까지 겉뜨기로 떠주세요.

입어보면서 원하는 길이만큼 떠도 됩니다.

> 몸통을 길이만큼 뜨면 8mm 바늘로 바꾸고, 1코 고무뜨기(겉뜨기1, 안뜨기1 반복)로 6cm를 떠줍니다. 겉뜨기는 겉뜨기대로, 안뜨기는 안뜨기대로 떠서 코막음합니다.

소매 뜨기

> 실을 잡아 몸통에서 감아코로 10코를 만들어준 부분에서 총 10코를 주워줍니다.
> 그다음 쉬게 두었던 28 (32) 34 (36) 38코를 다시 12mm 바늘에 끼워주고, 겉뜨기로 떠줍니다.

겉뜨기가 끝나면 마커를 걸어 소매단 시작 부분을 표시합니다. 이제 바늘에 38 (42) 44 (46) 48가 걸려 있게 됩니다.

> 언더암(감아코 부분)부터 40 (41) 42 (43) 44cm가 될 때까지 겉뜨기로 떠줍니다.

소매 코줄이기, 고무단

소매를 길이만큼 뜬 후에는 소매의 볼륨을 위해 코를 반으로 줄이고 고무단을 떠줍니다. 이때 코수가 적어지기 때문에 숏팁 바늘, 장갑바늘을 이용하거나 긴 줄바늘로 매직 루프 기법을 이용하여 떠주면 됩니다.

> 고무단을 뜨기 전에 코를 반으로 줄여줍니다. 마지막 2 (2) 0 (2) 0코가 남을 때까지 2코를 한 번에 겉뜨기해줍니다.
>
> 이제 8mm 바늘로 바꾸고, 1코 고무뜨기(겉뜨기1, 안뜨기1 반복)로 4cm를 떠줍니다.
>
> 겉뜨기는 겉뜨기대로 뜨고 안뜨기는 안뜨기대로 떠서 코막음합니다. 이때 매우 느슨하게 해야 팔이 조이지 않습니다. 1코 고무단 돗바늘 마무리 방법을 이용하면 더 신축성 있게 마무리됩니다.
>
> 반대쪽 소매도 똑같이 떠줍니다.

목둘레

> 8mm 대바늘을 이용하여 목둘레에서 새 실을 걸어 코를 주워줍니다.
>
> 총 52 (58) 60 (60) 62코.
>
> 1코 고무뜨기로 4단을 뜨고 덮어씌워 코막음 혹은 1코 고무단 돗바늘 마무리해줍니다.

마무리

> 남은 실을 다 정리해주고, 겨드랑이 부분 구멍도 돗바늘로 실을 연결하여 잘 오므려줍니다.

패션 아란 브이넥 탑다운 스웨터

Fashion Aran V-neck Top-down Sweater

Info

사이즈 FREE

가슴둘레 110cm

옷 길이 (뒷목 고무단부터) 47cm

게이지 10cm×10cm 5mm 대바늘 15.5코 23단

바늘 5mm 조립식 대바늘, 4.5mm 조립식 대바늘, 40cm 케이블, 100cm 케이블

실 패션 아란 3320 타이리 400g 1볼

> 브이넥 형태의 탑다운 스웨터입니다. 래글런 형태이며 브이넥이 어떻게 형성되는지 배울 수 있습니다. 브이넥에서의 고무단 코줍기는 조끼를 뜰 때에도 적용할 수 있으므로 한 번 떠보면 여러 가지 기법을 배울 수 있습니다.

시작 코잡기

TIP
원형으로 시작하지 않고 평면으로 뜨다가 브이넥이 완성되면 원형으로 이어서 떠줍니다.

앞으로 도안에서 /를 만나면 마커를 오른쪽 바늘에 그냥 옮겨주면 됩니다.

5mm 바늘에 일반코 56코를 잡아줍니다. (아래 마커 구분을 보고 코를 잡으면서 마커를 걸어줍니다.)

1(앞판) / 2(래글런) / 6(소매) / 2(래글런) / 34(뒤판) / 2(래글런) / 6(소매) / 2(래글런) / 1(앞판) 여기서 /는 마커입니다. 마커로 늘릴 부분을 미리 구분해놓습니다.

2코는 래글런 선, 각 6코는 소매, 34코는 뒷목 부분이 됩니다. 앞으로 앞목 부분을 감아코를 만들어 늘려주어 앞목을 만들게 됩니다.

앞목 셰이핑

TIP
감아코는 만들고 나서 그냥 일반코처럼 생각하고 떠주면 됩니다. 감아코는 항상 빈 바늘이 아닌 코가 있는 바늘 쪽에 만들어주며, 만들고 나서 다른 바늘로 옮긴다거나 걸러서 뜨지 않습니다.

1단(안면): 안뜨기로 모든 코를 떠줍니다.

2단(겉면): 감아코1, 마커까지 겉뜨기, M1R, 마커 넘기기, 겉뜨기2, 마커 넘기기, M1L, 다음 마커까지 겉뜨기, M1R, 마커 넘기기, 겉뜨기2, 마커 넘기기, M1L, 다음 마커까지 겉뜨기, M1R, 마커 넘기기, 겉뜨기2, 마커 넘기기, M1L, 다음 마커까지 겉뜨기, M1R, 마커 넘기기, 겉뜨기2, 마커 넘기기, M1L, 겉뜨기1, 감아코1

3단(안면): 안뜨기로 모든 코를 떠줍니다.

4단(겉면): 감아코1, 마커까지 겉뜨기, M1R, 마커 넘기기, 겉뜨기2, 마커 넘기기, M1L, 다음 마커까지 겉뜨기, M1R, 마커 넘기기, 겉뜨기2, 마커 넘기기, M1L, 다음 마커까지 겉뜨기, M1R, 마커 넘기기, 겉뜨기2, 마커 넘기기, M1L, 다음 마커까지 겉뜨기, M1R, 마커 넘기기, 겉뜨기2, 마커 넘기기, M1L, 남은 코 모두 겉뜨기, 감아코1

3~4단을 반복하여 앞판 코수가 각각 33코, 뒤판 코수가 66코, 소매 코수가 각각 38코가 될 때까지 뜹니다.

'겉면(감아코 만들어주는 단)'에서 감아코를 만들어주고 33코가 되면, 다음 단은 안뜨기를 뜨지 않고 뒤집지 않은 상태에서 바로 원형으로 이어서 겉뜨기로 떠줍니다. (뒤집지 않은 상태에서 왼쪽 바늘에 있는 첫코에 찔러서 겉뜨기로 떠주면 원형뜨기 시작입니다.) 이제 시작 마커는 원형으로 이어주고 나서 처음 만나는 마커(왼쪽 소매 래글런 부분 마커)가 시작 마커가 됩니다.

시작 마커로 다시 돌아올 때까지 겉뜨기로 한 단을 뜹니다.

래글런 늘림

원형으로 이어서 겉뜨기로 한 단을 뜬 후, 아래 세 단을 각 소매 50코, 앞판/뒤판 78코가 될 때까지 반복해줍니다.

늘림단: 시작 마커 넘기기, 겉뜨기2, 마커 넘기기, M1L, 다음 마커까지 겉뜨기, M1R, 마커 넘기기, 겉뜨기2, 마커 넘기기, M1L, 다음 마커까지 겉뜨기, M1R, 마커 넘기기, 겉뜨기2, 마커 넘기기, M1L, 다음 마커까지 겉뜨기, M1R, 마커 넘기기, 겉뜨기2, 마커 넘기기, M1L, 다음 마커까지 겉뜨기, M1R

다음 단: 겉뜨기

다음 단: 겉뜨기

소매 50코, 앞판/뒤판 78코까지 늘려준 후 겉뜨기 두 단까지 떠야 합니다.

소매 분리

TIP
래글런 2코 중 1코는 소매로, 1코는 몸통으로 갑니다. 래글런 선 중심을 기준으로 소매와 몸통 코를 나눕니다.

소매 분리에서는 시작 마커를 제외한 모든 마커는 뜨면서 빼주면 됩니다. 양쪽 래글런 선에서 1코씩 가져오기 때문에 분리할 때 코수가 2코 늘어납니다.

시작 마커 넘기기, 겉뜨기1, 여분의 실과 돗바늘 혹은 여분 케이블에 52코(양쪽 래글런 1코씩 포함) 옮기기, 감아코 8코 만들기, 겉뜨기 80코, 여분의 실과 돗바늘 혹은 여분 케이블에 52코(양쪽 래글런 1코씩 포함) 옮기기, 감아코 8코 만들기, 겉뜨기 80코

이제 바늘에 총 176코가 걸려 있게 됩니다.

몸통 뜨기

바늘에 걸린 176코를 감아코를 만들어준 부분에서 24cm가 될 때까지 겉뜨기로만 쭉 떠줍니다.

몸통 고무단

TIP
코막음을 할 때에는 겉뜨기는 겉뜨기대로 뜨고, 안뜨기는 안뜨기대로 떠서 코막음합니다.

고무단을 뜨기 전에 4.5mm 바늘로 바꾸고, [*겉뜨기15, 2코 한 번에 겉뜨기* 마지막 6코 남을 때까지 반복, 6코 겉뜨기]로 떠줍니다. 다음 단부터 1코 고무뜨기(겉뜨기1, 안뜨기1 반복)로 6cm가 될 때까지 뜨고, 코막음으로 마무리해줍니다.

소매 시작

여분의 실이나 케이블에 걸어둔 코를 다시 5mm 바늘에 끼워줍니다.

감아코 부분에서 4코 줍고 시작 마커 걸기, 감아코 부분에서 4코 줍고 겉뜨기로 떠줍니다. 이제 소매 코수는 총 60코입니다.

소매 길이가 감아코 시작 부분부터 23cm가 될 때까지 쭉 겉뜨기로 떠줍니다.

소매 줄이기

23cm를 뜬 후, 아래 단을 3번 반복해줍니다.

줄임단: 2코 한 번에 겉뜨기, 시작 마커 2코 전까지 겉뜨기, 2코 한 번에 겉뜨기

겉뜨기 15단

(줄임단 뜨고 15단 겉뜨기, 줄임단 뜨고 15단 겉뜨기 이렇게 3번 반복해주면 됩니다.)

그다음 아래 단을 떠줍니다(총 4단).

줄임단: 2코 한 번에 겉뜨기, 시작 마커 2코 전까지 겉뜨기, 2코 한 번에 겉뜨기

겉뜨기 3단

소매 고무단

TIP
코막음을 할 때에는 겉뜨기는 겉뜨기대로 뜨고, 안뜨기는 안뜨기대로 떠서 코막음합니다.

4.5mm 바늘로 1코 고무뜨기(겉뜨기1, 안뜨기1 반복) 7단을 뜨고, 코막음으로 마무리해줍니다.

반대쪽 소매

반대쪽 소매도 똑같이 떠줍니다.

목둘레 코줍기

4.5mm 바늘로 목둘레에서 코를 주워줍니다. 뒷목 부분(34코)부터 시작하여, 7코 줍고 1코 건너뛰고, 7코 줍고 1코 건너뛰고, 7코 줍고 1코 건너뛰고, 7코 줍고 1코 건너뛰고, 2코 주워줍니다. 그다음 래글런(2코)과 소매(6코) 부분은 1코씩 줍고, 브이넥 부분은 다음 사진을 참고하여 반 코씩 주워줍니다. 브이넥 중심 부분에서 꼭 1코를 주워줘야 합니다. 모든 코를 다

주워주고 시작 마커를 걸어줍니다.

첫 단은 겉뜨기로 뜬 후, 다음 단은 1코 고무뜨기로 뜨되 브이넥 중심코는 겉뜨기가 되도록 맞춰줍니다. 브이넥 중심코에 표시링을 걸어 표시해줍니다. (코수가 줍는 사람마다 다를 수 있으니 중심코가 겉뜨기가 되도록 스스로 규칙을 맞춰주세요. 1코 코무뜨기 규칙이 어긋나는 경우에도 끝부분에서 규칙을 스스로 맞춰주시기 바랍니다. 바늘에 거는 마커가 아닌 클립 형태 표시 링을 v자 코에 걸어 중심임을 표시해두는 겁니다.)

다음 3단도 1코 고무뜨기로 뜨되, 브이넥 중심 부분에서 중심 3코 모아뜨기로 떠줍니다. 중심 3코 모아뜨기 뜨는 방법: 중심코 1코 전까지 1코 고무뜨기로 뜬 후, 중심코와 그 직전 코를 한 번에 겉뜨기 방향으로 찔러서 걸러줍니다. 다음 코를 겉뜨기로 뜬 후, 걸러준 2코를 덮어 씌워 줍니다.

중심 3코 모아뜨기 사진 설명: 바늘이야기 홈페이지 검색창에 '중심' 검색

브이넥 부분 총 5단을 다 떠준 후 겉뜨기는 겉뜨기대로, 안뜨기는 안뜨기대로 코막음하여 마무리합니다.

마무리

남은 실들은 돗바늘을 이용해 잘 정리해줍니다. 소매 분리 부분에 난 구멍은 실을 조금 잘라 돗바늘로 왔다 갔다 한 후 잘 오므려주면 됩니다.

보이프렌드 래글런 탑다운 스웨터
Boyfriend Raglan Top-down Sweater

Info

사이즈 S (M) L (라지 사이즈는 많이 큰 편입니다. 평균 남성 사이즈는 S, M도 충분합니다.)

모델 착용 사이즈 남자 M, 여자 M

치수 가슴 단면 57 (60) 62cm, 팔 길이(목 고무단부터) 67 (69) 71cm, 총 기장(뒷목 고무단부터) 60 (63) 65cm

게이지 10cm×10cm 5.5mm 대바늘 15코 26단

바늘 5.5mm 조립식 대바늘, 4.5mm 조립식 대바늘, 40cm 케이블, 80cm 케이블
(고정형 줄바늘일 경우 케이블 길이는 80cm가 적당합니다.)

실 펭귄 304 그린 50g 7 (8) 9볼, 혹은 필 메리노스 6 135932 화이트 50g 11 (13) 14볼

소매 부분 무늬가 특징인 남녀 공용 탑다운 스웨터입니다. 앞뒤 구분이 없는 기본형 래글런 스웨터와 달리 앞목 부분을 동그랗게 셰이핑하여 떠서 기본형 래글런 스웨터의 뒷부분이 짧아지는 단점을 보완한 형태입니다.

시작 코잡기

TIP
원형으로 시작하지 않고 평면으로 뜨다가 13단부터 원형으로 뜨게 됩니다.

5.5mm 바늘에 일반코로 54 (56) 62 코를 잡아줍니다.(아래 마커 구분을 보고 코를 잡으면서 마커를 걸어줍니다.)

1 / 2 / 10 (10) 12 / 2 / 24 (26) 28 / 2 / 10 (10) 12 / 2 / 1

여기서 /는 마커입니다. 마커로 늘릴 부분을 미리 구분해놓습니다.

2코는 래글런 선, 각 10 (10) 12코는 소매, 24 (26) 28코는 뒷목 부분이 됩니다. 앞으로 앞목 부분을 감아코를 만들어 늘려주어 앞목을 만들게 됩니다.

코를 잡으면서 마커를 걸어둔 모습

앞목 셰이핑 part 1

TIP
감아코는 만들고 나서 그냥 일반 코처럼 생각하고 떠주면 됩니다. 감아코는 항상 빈 바늘이 아닌 코가 있는 바늘 쪽에 만들어주며, 만들고 나서 다른 바늘로 옮긴다거나 걸러서 뜨지 않습니다.

1단(안면): 안뜨기로 모든 코를 떠줍니다.

2단(겉면): 감아코1, 마커까지 겉뜨기, M1R, 마커 넘기기, 겉뜨기2, 마커 넘기기, M1L, 겉뜨기 10 (10) 12, M1R, 마커 넘기기, 겉뜨기2, 마커 넘기기, M1L, 겉뜨기24 (26) 28, M1R, 마커 넘기기, 겉뜨기2, 마커 넘기기, M1L, 겉뜨기10 (10) 12, M1R, 마커 넘기기, 겉뜨기2, 마커 넘기기, M1L, 겉뜨기1, 감아코1

3단(안면): 안뜨기로 모든 코를 떠줍니다.

4단(겉면): 감아코1, 마커까지 겉뜨기, M1R, 마커 넘기기, 겉뜨기2, 마커 넘기기, M1L, 겉뜨기 12 (12) 14, M1R, 마커 넘기기, 겉뜨기2, 마커 넘기기, M1L, 겉뜨기26 (28) 30, M1R, 마커 넘기기, 겉뜨기2, 마커 넘기기, M1L, 겉뜨기12 (12) 14, M1R, 마커 넘기기, 겉뜨기2, 마커 넘기기, M1L, 겉뜨기3, 감아코1

5단(안면): 안뜨기로 모든 코를 떠줍니다.

6단(겉면): 감아코1, 마커가까지 겉뜨기, M1R, 마커 넘기기, 겉뜨기2, 마커 넘기기, M1L, 겉뜨기14 (14) 16, M1R, 마커 넘기기, 겉뜨기2, 마커 넘기기, M1L, 겉뜨기28 (30) 32, M1R,

마커 넘기기, 겉뜨기2, 마커 넘기기, M1L, 겉뜨기14 (14) 16, M1R, 마커 넘기기, 겉뜨기2, 마커 넘기기, M1L, 겉뜨기5, 감아코1

7단(안면): 안뜨기로 모든 코를 떠줍니다.

8단(겉면): 감아코1, 마커까지 겉뜨기, M1R, 마커 넘기기, 겉뜨기2, 마커 넘기기, M1L, 겉뜨기16 (16) 18, M1R, 마커 넘기기, 겉뜨기2, 마커 넘기기, M1L, 겉뜨기30 (32) 34, M1R, 마커 넘기기, 겉뜨기2, 마커 넘기기, M1L, 겉뜨기16 (16) 18, M1R, 마커 넘기기, 겉뜨기2, 마커 넘기기, M1L, 겉뜨기7, 감아코1

9단(안면): 안뜨기로 모든 코를 떠줍니다. 총 코수 94 (96) 102

겉면에서는 래글런 선(마커 넘기기, 겉뜨기2, 마커 넘기기)을 기준으로 양옆에서 M1R/M1L로 코를 늘려주고, 마커 사이에 있는 코들은 그냥 겉뜨기로 떠줍니다. 겉면에서는 시작과 끝에서 항상 감아코 1코씩 만들어 코를 늘려줍니다.

앞목 셰이핑 part 2

TIP
기존에는 뒤집어가며 한 단 한 단 떴으나, 이제는 왼쪽 바늘에 코를 끌어모아 왼쪽 바늘에 걸린 첫 코에 찔러 겉뜨기를 시작합니다. 시작 마커는 원형뜨기에서 단을 표시하는 기준이 됩니다.

10단(겉면): 감아코2, 마커까지 겉뜨기, M1R, 마커 넘기기, 겉뜨기2, 마커 넘기기, M1L, 겉뜨기18 (18) 20, M1R, 마커 넘기기, 겉뜨기2, 마커 넘기기, M1L, 겉뜨기32 (34) 36, M1R, 마커 넘기기, 겉뜨기2, 마커 넘기기, M1L, 겉뜨기18 (18) 20, M1R, 마커 넘기기, 겉뜨기2, 마커 넘기기, M1L, 겉뜨기9, 감아코2

11단(안면): 안뜨기로 모든 코를 떠줍니다.

12단(겉면): 감아코2, 마커까지 겉뜨기, M1R, 마커 넘기기, 겉뜨기2, 마커 넘기기, M1L, 겉뜨기20 (20) 22, M1R, 마커 넘기기, 겉뜨기2, 마커 넘기기, M1L, 겉뜨기34 (36) 38, M1R, 마커 넘기기, 겉뜨기2, 마커 넘기기, M1L, 겉뜨기20 (20) 22, M1R, 마커 넘기기, 겉뜨기2, 마커 넘기기, M1L, 겉뜨기12, 감아코2

13단: 안뜨기로 뜨지 않고 12단이 끝난 상태에서 바로 감아코로 6 (8) (10)코를 만들어준 후, '겉뜨기'로 원형으로 이어서 떠줍니다. 이제부터 아래 사진에 표시된 마커가 '시작 마커'가 됩니다. 먼저 15코를 겉뜨기로 뜬 후, 다시 시작 마커로 돌아올 때까지 겉뜨기로 한 단을 쭉 떠줍니다.

총 코수 124 (128) 136

감아코 6 (8) 10코 부분

시작 마커 위치 (주황색)

래글런 늘림 part 1

TIP

래글런 선이 되는 마커 넘기기, 겉뜨기2, 마커 넘기기를 기준으로 양옆 부분만 M1R/M1L로 늘려주고 나머지 코들은 모두 겉뜨기로 떠줍니다. 늘림단에서는 각 소매와 몸통에서 2코씩 늘어나서 총 8코가 늘어나게 됩니다. 한 단을 늘려주면 다음 단은 늘림 없이 겉뜨기로만 뜹니다.

소매 부분만 코가 늘어나는 게 아니라 몸통도 같은 수만큼 늘어납니다. 세기 편하시라고 코수가 적은 소매 부분 코수를 기준으로 적어놓았습니다. 다음 사진에서 보는 라인이 '래글런 선'입니다. 마커 사이에 있는 2코가 래글런 선이 됩니다. 총 코수는 236 (240) 248코입니다.

아래 사진에서 보는 라인이 '래글런 선'입니다. 마커 사이에 있는 2코가 래글런 선이 됩니다.

14단: 겉뜨기2, 마커 넘기기, M1L, 다음 마커까지 겉뜨기, M1R, 마커 넘기기, 겉뜨기2, 마커 넘기기, M1L, 다음 마커까지 겉뜨기, M1R, 마커 넘기기, 겉뜨기2, 마커 넘기기, M1L, 다음 마커까지 겉뜨기, M1R, 마커 넘기기, 겉뜨기2, 마커 넘기기, M1L, 다음 마커까지 겉뜨기, M1R

15단: 겉뜨기

14, 15단을 반복하여 소매 부분 코수(래글런 선 사이에 있는 코)가 50 (50) 52코가 될 때까지 떠줍니다. 늘림없이 겉뜨기만 뜨는 단에서 소매 부분 코수가 50 (50) 52코가 되면 됩니다.

래글런 선

래글런 늘림 part 2

TIP

래글런 늘림 part 1에서 늘린 방법과 동일하게 뜨되 겉뜨기 한 단을 더 추가한 것입니다.

42단: 겉뜨기2, 마커 넘기기, M1L, 다음 마커까지 겉뜨기, M1R, 마커 넘기기, 겉뜨기2, 마커 넘기기, M1L, 다음 마커까지 겉뜨기, M1R, 마커 넘기기, 겉뜨기2, 마커 넘기기, M1L, 다음 마커까지 겉뜨기, M1R, 마커 넘기기, 겉뜨기2, 마커 넘기기, M1L, 다음 마커까지 겉뜨기, M1R

43단: 겉뜨기

44단: 겉뜨기

42~44단을 5 (6) 7번 반복합니다.

5 (6) 7번 반복 후 소매 부분 코수는 60 (62) 66코가 됩니다.

늘림 완성 후 총 코수

S: 2 / 60 / 2 / 74 / 2 / 60 / 2 / 74 / 총 276코

M: 2 / 62 / 2 / 78 / 2 / 62 / 2 / 78 / 총 288코

L: 2 / 66 / 2 / 82 / 2 / 66 / 2 / 82 / 총 304코

소매 분리

TIP
감아코 사이에 걸어준 마커는 몸통의 앞판과 뒤판의 중간선을 구분하는 표시입니다.

래글런 2코 중 1코는 소매로, 1코는 몸통으로 갑니다. 래글런을 기준으로 소매와 몸통 코를 나눕니다.

소매 분리에서는 모든 마커를 뜨면서 빼주면 됩니다. 이제 감아코 사이에 걸어준 첫 번째 마커가 시작 마커가 됩니다 양쪽 래글런 선에서 1코씩 가져오기 때문에 분리할 때 코수가 2코 늘어납니다.

> 시작 마커 넘기기, 겉뜨기1, 여분의 실과 돗바늘 혹은 여분 케이블에 62 (64) 68코 옮기기, 감아코 5코 만들기, 마커 걸기(몸통 중간선 표시, 시작 마커), 감아코 5코 만들기, 겉뜨기 76 (80) 84코, 여분의 실과 돗바늘 혹은 여분 케이블에 62 (64) 68코 옮기기, 감아코 5코 만들기, 마커 걸기(몸통 중간선 표시), 감아코 5코 만들기, 겉뜨기75 (79) 83코

이제 바늘에 총 172 (180) 188코가 걸려 있게 됩니다.

몸통 part 1

TIP
19 (21) 23cm는 49 (54) 60단입니다. 단수로 세도 되고 cm로 재면 편합니다.

> 바늘에 걸린 172 (180) 188코를 감아코를 만들어준 부분에서 19 (21) 23cm가 될 때까지 겉뜨기로만 쭉 떠줍니다.

몸통 part 2

TIP
줄임단은 쉽게 말해 마커 양옆에서 2코를 한 번에 떠서 1코씩 줄여주는 것입니다.
줄임단을 뜨고 다음 10단은 겉뜨기, 그다음 단은 줄임단, 그다음 10단 겉뜨기 이렇게 반복합니다.
몸통 기장을 늘리고 싶은 분들은 한 번 더 반복해주거나 겉뜨기로 몇 단을 더 뜨면 됩니다.
몸통 기장을 줄이고 싶은 분들은 마지막 겉뜨기 10단에서 원하는 만큼 덜 떠주면 됩니다.

19 (21) 23cm를 다 뜨고 나면, 아래와 같이 몸통 부분 코를 줄여줍니다. (줄임 없이 원하는 길이만큼 쭉 떠도 됩니다.)

> 줄임단: 시작 마커 넘기기, 2코 한 번에 겉뜨기, 다음 마커 2코 전까지 겉뜨기, 2코 한 번에 겉뜨기, 마커 넘기기, 2코 한 번에 겉뜨기, 시작 마커 2코 전까지 겉뜨기, 2코 한 번에 겉뜨기 겉뜨기 10단
>
> [줄임단, 겉뜨기 10단]을 총 4번 반복합니다.

몸통 고무단

TIP
코막음을 할 때에는 겉뜨기는 겉뜨기대로 뜨고, 안뜨기는 안뜨기대로 떠서 코막음합니다.

> 4.5mm 바늘로 1코 고무뜨기(겉뜨기1, 안뜨기1 반복) 15단을 뜨고, 코막음으로 마무리해줍니다.

소매 시작, 무늬 없는 기본 소매

여분의 실이나 케이블에 걸어둔 코를 다시 5.5mm 바늘에 끼워줍니다.

감아코 부분에서 5코 줍고 시작 마커 걸기, 감아코 부분에서 5코 줍고 겉뜨기로 시작 마커로 돌아올 때까지 겉뜨기로 떠줍니다. 이제 소매 코수는 총 72 (74) 78코입니다.

소매 줄이기

줄임단: 2코 한 번에 겉뜨기, 시작 마커 2코 전까지 겉뜨기, 2코 한 번에 겉뜨기

겉뜨기 3단

[줄임단, 겉뜨기3단]을 총 8번 반복해줍니다.

그다음

[줄임단, 겉뜨기 6단]을 총 10번을 반복해줍니다.

그다음

겉뜨기로 5 (8) 10단을 더 떠줍니다.

소매 고무단

4.5mm 바늘로 1코 고무뜨기(겉뜨기1, 안뜨기1 반복) 17단을 뜨고, 코막음으로 마무리해줍니다.

TIP
코막음을 할 때에는 겉뜨기는 겉뜨기대로 뜨고, 안뜨기는 안뜨기대로 떠서 코막음합니다. 코막음을 헐렁하게 해야 입고 벗기 편합니다.

반대쪽 소매 무늬 넣기

반대쪽 소매도 줄이는 규칙은 동일합니다.

소매 무늬는 [안뜨기 4단, 겉뜨기 2단] 총 4번 반복입니다. 무늬를 넣음과 동시에 코줄임을 병행해줍니다.

시작 부분은 이 전 소매와 동일합니다.

여분의 실이나 케이블에 걸어둔 코를 다시 5.5mm 바늘에 끼워줍니다.

감아코 부분에서 5코 줍고 시작 마커 걸기, 감아코 부분에서 5코 줍고 겉뜨기로 시작 마커로 돌아올 때까지 겉뜨기로 떠줍니다. 이제 소매 코수는 총 72 (74) 78코입니다.

이제 그다음 단부터 안뜨기를 시작하는데, 이전 소매와 동일한 규칙으로 코를 줄여줘야 하기 때문에 안뜨기로 뜰 때도 마찬가지로 2코를 한 번에 안뜨기로 떠서 줄여줍니다.

풀어서 쓰면 아래와 같습니다. 초록색으로 표시한 안뜨기 부분이 무늬가 됩니다.

> 2코 한 번에 안뜨기, 시작 마커 2코 전까지 안뜨기, 2코 한 번에 안뜨기
>
> 안뜨기
>
> 안뜨기
>
> 안뜨기
>
> 2코 한 번에 겉뜨기, 시작 마커 2코 전까지 겉뜨기, 2코 한 번에 겉뜨기
>
> 겉뜨기
>
> 안뜨기
>
> 안뜨기
>
> 2코 한 번에 안뜨기, 시작 마커 2코 전까지 안뜨기, 2코 한 번에 안뜨기
>
> 안뜨기
>
> 겉뜨기
>
> 겉뜨기
>
> 2코 한 번에 안뜨기, 시작 마커 2코 전까지 안뜨기, 2코 한 번에 안뜨기
>
> 안뜨기
>
> 안뜨기
>
> 안뜨기
>
> 2코 한 번에 겉뜨기, 시작 마커 2코 전까지 겉뜨기, 2코 한 번에 겉뜨기
>
> 겉뜨기
>
> 안뜨기
>
> 안뜨기
>
> 2코 한 번에 안뜨기, 시작 마커 2코 전까지 안뜨기, 2코 한 번에 안뜨기
>
> 안뜨기
>
> 겉뜨기
>
> 겉뜨기

무늬 넣기 끝

이제 [줄임단, 겉뜨기 3단]을 2번 더 반복하고, 반대편 소매와 마찬가지로 [줄임단, 겉뜨기 6단]을 총 10번 반복해줍니다.

그다음

겉뜨기로 5 (8) 10단을 더 떠줍니다.

소매 고무단

4.5mm 바늘로 1코 고무뜨기(겉뜨기1, 안뜨기1 반복) 17단을 뜨고, 코막음으로 마무리해줍니다.

TIP
코막음을 할 때에는 겉뜨기는 겉뜨기대로 뜨고, 안뜨기는 안뜨기대로 떠서 코막음합니다.

목둘레 코줍기

4.5mm 바늘로 목둘레에서 76 (80) 88코를 주워줍니다. 이때 앞목/뒷목 24 (26) 28코씩, 래글런 2코씩, 소매 10 (10) 12코씩을 잘 따라서 주워주면 됩니다.

1코 고무뜨기로 7단을 뜨고 코막음을 하되, 꼭 1코 고무단 돗바늘 마무리를 이용해야 머리가 들어갑니다.

목둘레 코를 주울 때에는 래글런 선 사이에 있는 앞목 부분에 표시해둔 것처럼 단의 선:을 잘 따라서 소매 코 줍듯이 주우면 됩니다.

마무리

남은 실들은 돗바늘을 이용해 잘 정리해줍니다. 소매 분리 부분에 난 구멍은 실을 조금 잘라 돗바늘로 왔다 갔다 한 후 잘 오므려주면 됩니다.

알파카 스트라이프 스웨터

Alpaca Stripe Sweater

사이즈 FREE

가슴둘레 98cm

옷 길이 51cm(목 고무단 아래부터 쟀을 때의 길이입니다.)

게이지 King Cole 네츄럴 알파카 4mm 메리야스 무늬 10cm×10cm 20.5코 28단

바늘 4.5mm 조립식 대바늘, 4mm 조립식 대바늘, 40cm 케이블, 80cm 케이블

실 킹콜 네츄럴 알파카 50g 샌드(1볼), 카라멜(1볼), 토피(1볼), 초코렛(1볼), 크림(1볼), 플래티넘(1볼), 슬레이트(1볼), 챠콜(2볼) 총 9볼

염색을 하지 않은 자연 알파카 털색 그대로를 한 스웨터에 담은 서큘러 요크 방식의 배색 스웨터입니다. 기본형 서큘러 요크 방식에 배색으로 포인트를 주어 심심하지 않게 뜰 수 있습니다.

* 색상 순서는 샌드-카라멜(1볼)-토피(1볼)-초코렛(1볼)-크림(1볼)-플래티넘(1볼)-슬레이트(1볼)-챠콜(2볼)입니다.
* 편하게 뜨려면 초코렛 색상부터 실 1볼을 30g(몸통), 10g(소매), 10g으로 나눠놓고 뜨면 편합니다.
* 샌드, 카라멜은 실을 나누지 않아도 됩니다.

목 부분

TIP
코가 꼬이지 않게 원통뜨기로 시작합니다. 코 잡고 남은 실이 있는 바늘을 오른손에 잡고, 왼손에 잡은 바늘(처음 잡아준 코)에 겉뜨기를 해주면 원통뜨기가 시작됩니다. 원통으로 뜨며 시작 마커로 다시 되돌아오면 한 단(1단)입니다. 마커는 빼지 않고 바늘에 계속 옮겨주며 떠줍니다.

40cm 케이블을 연결한 4mm 대바늘에 76코를 원형으로 잡아줍니다.

시작 마커를 걸고, 1코 고무뜨기(겉뜨기 1코, 안뜨기 1코 반복)로 총 8cm가 될 때까지 떠줍니다.

바늘을 4.5mm로 바꾸고 겉뜨기로 한 단 떠줍니다.

어깨 코늘림 part 1

TIP
다른 색 실로 진행할 때에는 실을 연결하듯이 묶어서 다른 색상으로 바꿔주거나, 실이 끝난 다음 코부터 바꾼 실로 한 단을 다 뜨고 바꾸기 시작한 코로 왔을 때 코 아래 걸린 v자 다리 중 오른쪽 다리를 끌어올려 왼쪽 바늘에 걸어준 후 2코를 한 번에 뜨면 됩니다.

이제부터 어깨 코늘림을 시작합니다. 실 색상 1볼이 다 끝나면 다음 색상으로 떠주면 됩니다. 중간에 색상이 바뀌는 시점은 뜨는 사람마다 차이가 있으므로 언제든지 실이 끝나면 바꿔주면 됩니다.

[겉뜨기2, M1L] 단이 끝날 때까지 반복

이제 바늘에 걸린 코수는 114코입니다. 코수가 맞는지 확인해주세요.

목 고무단 아랫부분부터 쟀을 때 길이가 5.5cm가 될 때까지 겉뜨기로 계속 떠줍니다.

어깨 코늘림 part 2

[겉뜨기2, M1L] 단이 끝날 때까지 반복

이제 바늘에 걸린 코수는 171코입니다. 코수가 맞는지 확인해주세요.

목 고무단 아랫부분부터 쟀을 때 길이가 11cm가 될 때까지 겉뜨기로 계속 떠줍니다.

어깨 코늘림 part 3

[겉뜨기3, M1L] 단이 끝날 때까지 반복

이제 바늘에 걸린 코수는 228코입니다. 코수가 맞는지 확인해주세요.

80cm 케이블로 바꿔도 좋습니다.

목 고무단 아랫부분부터 쟀을 때 길이가 16.5cm가 될 때까지 겉뜨기로 계속 떠줍니다.

어깨 코늘림 part 4

[겉뜨기4, M1L] 단이 끝날 때까지 반복

이제 바늘에 걸린 코수는 285코입니다. 코수가 맞는지 확인해주세요.

목 고무단 아랫부분부터 쟀을 때 길이가 22cm가 될 때까지 겉뜨기로 계속 떠줍니다.

이제 요크 부분이 끝났습니다. 다음 파트는 마커 부분부터 시작하므로 마커까지 떠주세요.

소매 분리

소매를 분리할 때에는 여분의 케이블과 마감 캡 혹은 자투리실과 돗바늘이 필요합니다. 소매 부분 코를 케이블이나 자투리실에 옮겨 쉬게 두고, 몸통 먼저 진행합니다. 이제 소매 코를 옮겨 소매를 분리해보도록 하겠습니다.

여분의 케이블과 마감 캡 혹은 자투리실과 돗바늘을 준비해주세요. 58코를 옮겨 쉬게 두고 (소매 부분), 감아코로 12코를 만들어줍니다. 만든 후 겉뜨기로 85코를 떠줍니다(몸통 부분). 다시 58코를 옮겨 쉬게 두고(소매 부분), 감아코로 12코를 만들어줍니다. 만든 후 겉뜨기로 84코를 떠줍니다(몸통 부분).

이제 다시 마커 시작 부분으로 돌아왔습니다. 이제 바늘에 193코가 걸려 있습니다. 코수가 맞는지 확인해주세요.

몸통 뜨기

TIP
몸통 고무단은 시작 마커부터 시작합니다.

단수는 게이지가 다를 수 있으니 게이지 계산을 못하는 분들은 실 1볼을 몸통 30g, 소매 10g씩 나눠놓고 뜨는 것을 추천드립니다.

겉뜨기로 토피 5단, 초코렛 16단, 크림 16단, 플래티넘 16단, 슬레이트 16단을 떠줍니다. 각 색상을 뜨고 남은 실은 소매를 떠주기 위해 남겨놓습니다.

4mm 바늘로 바꾸고, 챠콜 색상으로 1코 고무뜨기(겉뜨기1, 안뜨기1 반복)로 6cm를 떠줍니다. 몸통 코수가 홀수입니다. 고무뜨기를 시작하기 전에 2코를 한 번에 겉뜨기하여 1코 줄여 짝수로 맞춰준 후 1코 고무뜨기를 진행해주면 됩니다. 6cm를 뜬 후 겉뜨기는 겉뜨기대로, 안뜨기는 안뜨기대로 떠서 코막음합니다.

소매 뜨기

실을 잡아 몸통에서 감아코로 12코를 만들어준 부분에서 총 12코를 주워줍니다. 그다음 쉽게 두었던 58코를 바늘에 다시 끼우고 겉뜨기로 떠줍니다.

겉뜨기가 끝나면 마커를 걸어 소매단 시작 부분을 표시합니다. 이제 바늘에 총 70코가 걸려 있게 됩니다.

겉뜨기로 토피 6단, 초코렛 16단, 크림 16단, 플래티넘 16단, 슬레이트 16단, 챠콜 27단을 떠줍니다.

TIP
단수로 세기보다 소매로 떠줄 실을 반으로 나눠놓고 소진할 때까지 뜨는 것이 편합니다. 단수로 세면 남는 실의 양쪽 길이가 달라질 수 있습니다. 손에 감는 횟수, 저울 등을 이용해주세요.

소매 코줄이기, 고무단

소매를 길이만큼 뜬 후에는 소매의 볼륨을 위해 코를 반으로 줄이고 고무단을 떠줍니다. 이때 코수가 적어지기 때문에 숏팁 바늘, 장갑바늘을 이용하거나 긴 줄바늘로 매직루프 기법을 이용하여 떠주면 됩니다.

고무단을 뜨기 전에 코를 반으로 줄여줍니다. 마지막 2코가 남을 때까지 2코를 한 번에 겉뜨기해줍니다.

이제 4mm 바늘로 바꾸고, 1코 고무뜨기(겉뜨기1, 안뜨기1 반복)로 4cm를 떠줍니다.

겉뜨기는 겉뜨기대로 뜨고 안뜨기는 안뜨기대로 떠서 코막음합니다. 이때 매우 느슨하게 해야 팔이 조이지 않습니다. 1코 고무단 돗바늘 마무리 방법을 이용하면 더 신축성 있게 마무리됩니다.

반대쪽 소매도 똑같이 떠줍니다.

마무리

남은 실을 다 정리해주고, 겨드랑이 부분 구멍도 돗바늘로 실을 연결하여 잘 오므려줍니다.

목 고무단 부분은 접어서 안쪽에서 감침질해줍니다.

필 익스프레스 카디건

Phil Express Cardigan

Info

사이즈 FREE

가슴둘레 110cm

옷 길이 50cm

게이지 10cm×10cm 12mm 대바늘 가터 뜨기 게이지 7코 14단

바늘 12mm 조립식 대바늘, 40cm 케이블, 120cm 케이블

실 필 익스프레스 113409 스틸블루 200g 7볼

> 굵은 실로 빠르게 뜨는 래글런 형태의 카디건입니다. 가터무늬의 독특한 조직감이 특징인 벌키한 스타일입니다. 옷의 테두리 부분에 아이코드 엣징을 이용하여 깔끔한 옆선을 만들 수 있습니다.
>
> 굵은 실과 굵은 바늘로 뜨기 때문에 코수가 많지 않습니다. 시작 전에 얇은 실과 얇은 바늘로 코수 그대로 연습 삼아 떠보면 작은 결과물로 전체적인 이해도를 높일 수 있습니다.

코잡기

TIP
평면뜨기는 한 단을 다 뜨면 뒤집어서 바늘을 바꿔 잡고 목도리 뜨듯이 뜨는 방식입니다.

120cm 케이블을 연결한 12mm 대바늘에 일반코로 36코를 잡아줍니다. 카디건은 원형으로 뜨지 않고 평면으로 뜹니다.

1단: 겉뜨기 방향으로 1코 거르기, 겉뜨기 7코 뜨기(앞판), 마커 걸기, 겉뜨기 4코 뜨기(소매), 마커 걸기, 겉뜨기 12코 뜨기(뒤판), 마커 걸기, 겉뜨기 4코 뜨기(소매), 마커 걸기, 겉뜨기 6코 뜨기, 안뜨기 방향으로 1코 거르기, 안뜨기 1코 뜨기(앞판)

* 카디건 양쪽 끝부분은 아이코드 엣징으로 떠줍니다. (위 서술형 도안의 양쪽 끝부분 뜨는 법을 사진으로 설명한 것입니다.)

1

2

겉뜨기 방향으로 걸러줍니다.(사진 1~2)

3

마지막 2코 남았을 때 실을 안쪽으로 가져옵니다.

4

그다음 끝에서 두 번째 코는 안뜨기 방향으로 뜨지 않고 걸러줍니다.

마지막 코는 안뜨기로 떠줍니다. 실을 잘 당겨 뜨고 아래쪽으로 잡아당겨 모양을 잡아주면 아이코드 엣징이 보입니다.(사진 5~6)

어깨 늘림

TIP

매 단 시작과 끝부분의 규칙은 첫 코는 겉뜨기로 거르고, 마지막 2코는 안뜨기로 거르고 안뜨기로 끝냅니다. (아이코드 엣징)

늘림단의 규칙은 마커 양옆 코를 kfb로 떠주는 것입니다. 마커가 총 4개 있으니 한 단에서 8코가 늘어납니다.

4단부터 늘림 없이 2단, 늘림단, 늘림 없이 2단, 늘림단을 18 / 24 / 32 / 24 / 18코가 될 때까지 반복하여 떠주면 됩니다.

2단: 겉뜨기 방향으로 1코 거르기, 마지막 2코 남을 때까지 겉뜨기, 안뜨기 방향으로 1코 거르기, 안뜨기 1코 뜨기

3단(늘림단): 겉뜨기 방향으로 1코 거르기, 마커 1코 전까지 겉뜨기, kfb, 마커 넘기기, kfb, 마커 1코 전까지 겉뜨기, kfb, 마커 넘기기, kfb, 마커 1코 전까지 겉뜨기, kfb, 마커 넘기기, kfb, 마커 1코 전까지 겉뜨기, kfb, 마커 넘기기, kfb, 마지막 2코 남을 때까지 겉뜨기, 안뜨기 방향으로 1코 거르기, 안뜨기 1코 뜨기

4단: 겉뜨기 방향으로 1코 거르기, 마지막 2코 남을 때까지 겉뜨기, 안뜨기 방향으로 1코 거르기, 안뜨기 1코 뜨기

5단: 겉뜨기 방향으로 1코 거르기, 마지막 2코 남을 때까지 겉뜨기, 안뜨기 방향으로 1코 거르기, 안뜨기 1코 뜨기

6단(늘림단): 겉뜨기 방향으로 1코 거르기, 마커 1코 전까지 겉뜨기, kfb, 마커 넘기기, kfb, 마커 1코 전까지 겉뜨기, kfb, 마커 넘기기, kfb, 마커 1코 전까지 겉뜨기, kfb, 마커 넘기기, kfb, 마지막 2코 남을 때까지 겉뜨기, 안뜨기 방향으로 1코 거르기, 안뜨기 1코 뜨기

4~6단을 앞판 코수 18코, 소매 코수 24코, 뒤판 코수 32코가 될 때까지 반복합니다.

늘림단 완료 후 코수 18 / 24 / 32 / 24 / 18, 총 코수 116코

이제 늘림 없이 5단을 겉뜨기로 떠줍니다. 이때도 첫코는 겉뜨기 방향으로 거르고, 마지막 2코 남았을 때 안뜨기 방향으로 거르고 안뜨기로 떠주는 규칙은 동일하게 적용됩니다.

소매 분리

소매를 분리할 때에는 여분의 케이블과 마감 캡 혹은 자투리실과 돗바늘이 필요합니다. 소매 부분 코를 케이블이나 자투리실에 옮겨 쉬게 두고, 몸통 먼저 진행합니다. 이제 소매 코를 옮겨 소매를 분리해보도록 하겠습니다. 모든 마커는 빼도 좋습니다.

> 여분의 케이블과 마감 캡 혹은 자투리실과 돗바늘을 준비해주세요. 첫코를 겉뜨기 방향으로 거르고, 마커까지 겉뜨기로 떠줍니다. 마커는 빼고, 다음 마커까지의 코(24코)를 옮겨 쉬게 두고(소매 부분) 마커는 빼줍니다. 감아코로 4코를 만들어줍니다. 만든 후 겉뜨기로 다음 마커까지의 코(32코)를 떠줍니다(뒤판 부분). 다시 마커는 빼고, 다음 마커까지의 코(24코)를 옮겨 쉬게 두고(소매 부분), 마커는 빼고, 감아코로 4코를 만들어줍니다. 만든 후 남은 코를 마지막 2코 남을 때까지 겉뜨기한 다음 안뜨기 방향으로 1코 거르고, 안뜨기 1코를 떠줍니다.

이제 바늘에 76코가 걸려 있습니다. 코수가 맞는지 확인해주세요. 바늘에 걸린 코들이 몸통 부분이 됩니다.

몸통 뜨기

> 감아코 부분부터 몸통 길이가 28cm가 될 때까지 겉뜨기로 쭉 뜨고 코막음하여 마무리합니다. 이때도 마찬가지로 첫코는 겉뜨기 방향으로 거르고, 마지막 2코 남았을 때 안뜨기 방향으로 거르고, 안뜨기로 떠줍니다.

입어보면서 원하는 길이만큼 떠도 됩니다.

소매 뜨기

TIP
소매는 원통으로 뜹니다.

> 쉬게 두었던 24코를 다시 40cm 케이블을 연결한 12mm 바늘에 끼워주고 감아코 4코를 만들어준 부분에서 4코를 줍고 마커를 걸어줍니다. 다음 사진을 참고하여 바늘에 걸린 코를 겉뜨기 혹은 안뜨기로 떠줍니다. 시작 마커로 다시 돌아오기 전 감아코 부분은, 겉뜨기로 뜬 분은 겉뜨기로, 안뜨기로 뜬 분은 안뜨기로 뜨면 됩니다.

바늘 아래에 걸린 코 모양을 잘 보고 겉뜨기로 떠야 하는지, 안뜨기로 떠야 하는지 판단해야 합니다. 2가지는 미세한 차이점이 있기 때문에 꼭 사진을 자세히 참고해서 떠주시기 바랍니다.

이렇게 왼쪽 바늘에 걸린 코들을 뜰 차례에서 코 아래에 딱 붙은 - 모양이 보인다면, 시작 마커까지 돌아올 때까지 겉뜨기로 떠줍니다. 그다음 단은 안뜨기, 그다음 단은 겉뜨기로 번갈아가며 떠줍니다.

코 모양을 볼 때는 아래로 잘 당겨서 봐야 합니다. 코 아래에 - 모양이 딱 붙은 경우에는 아래로 당길수록 코 아래에 붙은 - 모양은 바늘 쪽으로 더 붙고, 그 아래에 있는 v자 모양이 선명하게 보입니다.

이렇게 왼쪽 바늘에 걸린 코들 아래에 v자 모양이 보인다면, 시작 마커까지 돌아올 때까지 안뜨기로 떠줍니다. 그다음 단은 겉뜨기, 그다음 단은 안뜨기로 번갈아가며 떠줍니다.

코 모양을 볼 때는 아래로 잘 당겨서 봐야 합니다. 이 경우 아랫부분을 잘 당겨서 보면 - 위에 v자 모양이 약간 숨어들어간 것처럼 공간이 생깁니다. - 모양이 바늘에 딱 붙은 경우와 헷갈릴 수 있지만, 첫 번째 케이스처럼 명확하게 바늘에 - 모양이 딱 붙은 게 아니라면 두 번째 케이스입니다.

이 2가지 경우를 고려하지 않고 반대로 뜨게 된다면, 다음 단에서 무늬 모양이 바뀐 것을 바로 알아차릴 수 있습니다. 반대로 할 경우 표시가 많이 나게 되니 꼭 사진을 참고해서 정확한 무늬 모양을 내도록 해주세요.

왜 다른가요?

가터 뜨기는 앞뒤가 같은 무늬이기 때문에, 메리야스 뜨기와 달리 사람마다 코를 끼우는 면이 다를 수 있습니다. 그렇게 때문에 무늬의 구조를 잘 살펴보고 같은 무늬를 유지하는 방법을 이해해야 합니다. 원통뜨기와 평면뜨기는 무늬가 나오는 구조가 다릅니다. 평면뜨기에서는 겉뜨기만 하면 가터 무늬(물결무늬)가 나오지만, 원통뜨기에서는 겉뜨기 한 단, 안뜨기 한 단을 번갈아가며 해야 가터 무늬가 나옵니다. 시작 마커를 기준으로 한 단 한 단 번갈아가며 떠주어야 합니다.

> 언더암(감아코 부분)부터 28cm가 될 때까지 겉뜨기 1단, 안뜨기 1단을 번갈아가며 원통으로 떠주고 코막음하여 마무리합니다.
>
> 반대쪽 소매도 똑같이 떠줍니다.

마무리

> 남은 실을 다 정리해주고, 겨드랑이 부분 구멍도 돗바늘로 실을 연결하여 잘 오므려줍니다.

모헤어 카디건

Mohair Cardigan

Info

사이즈 FREE

가슴둘레 120cm

옷 길이 55cm

게이지 10cm×10cm 8mm 대바늘 메리야스 게이지 13코 17단

바늘 6mm 조립식 대바늘, 8mm 조립식 대바늘, 40cm 케이블, 80cm 케이블

실 로비 키드모헤어 25g 296 그레이(메인 색상) 6볼, 999 블루(배색 1) 2볼, 865블루아쿠아(배색 2) 2볼

뒤판을 따로 뜬 후 코를 주워서 통으로 떠내려가는 방식의 카디건입니다. 따로 떠서 이어주는 방식을 탑다운 형식으로 바꾼 형태로 직선 탑다운 방식이라고도 불립니다. 모헤어 특유의 풍성하고 가벼운 조직감으로 간절기에 가볍게 걸칠 수 있는 스타일입니다.

한눈에 보는 제작 과정

*간략화된 그림이므로 제작되는 과정 느낌만 참고해주세요.

1 뒤판을 32단만 떠줍니다.

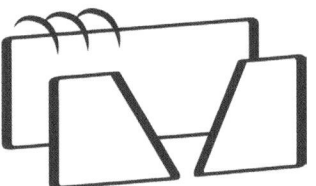

2 뒤판에서 코를 주워 앞판을 각각 떠줍니다.

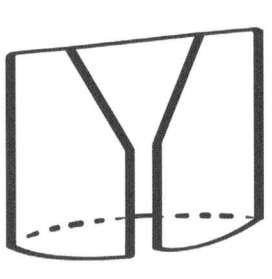

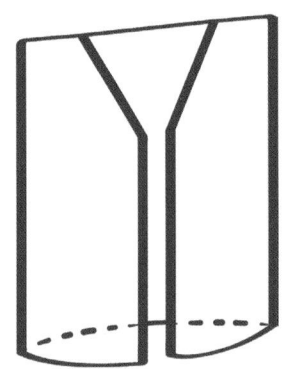

3, 4 앞판을 차례로 떠서 뒤판 길이와 맞춘 후, 뒤판 코와 모두 연결해 한 번에 메리야스 뜨기로 원하는 카디건 길이까지 떠내려갑니다.

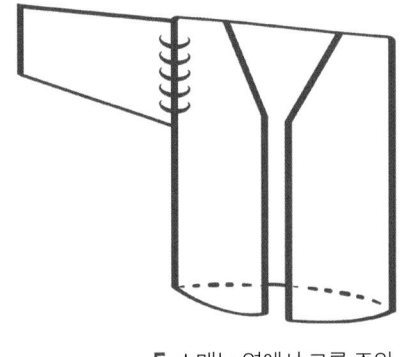

5 소매는 옆에서 코를 주워 원통으로 떠내려갑니다.

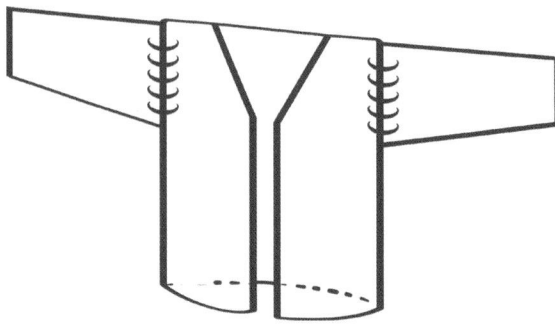

6 완성입니다.

몸 뒤판

앞으로 모든 부분은 모헤어 3겹으로 떠주며, 실 3볼에서 1가닥씩 뽑아서 사용하거나 1볼은 실의 겉면과 안쪽에서 뽑아 2가닥을 만들고 1볼은 1겹만 뽑아 3겹을 만들어주는 방식으로 떠주면 됩니다.

TIP
원형으로 뜨지 않고 평면뜨기로 뜹니다.

모헤어 3겹으로 80cm 케이블을 연결한 8mm 대바늘에 70코를 잡습니다.

코를 잡고 안뜨기 1단, 겉뜨기 1단을 반복하여 31단을 떠줍니다. 다 뜬 후 실을 10cm 남기고 자른 뒤 코를 쉬게 둡니다.(바늘마개로 막아두거나 코를 따로 케이블이나 실 등에 빼놓습니다.)

몸 앞판

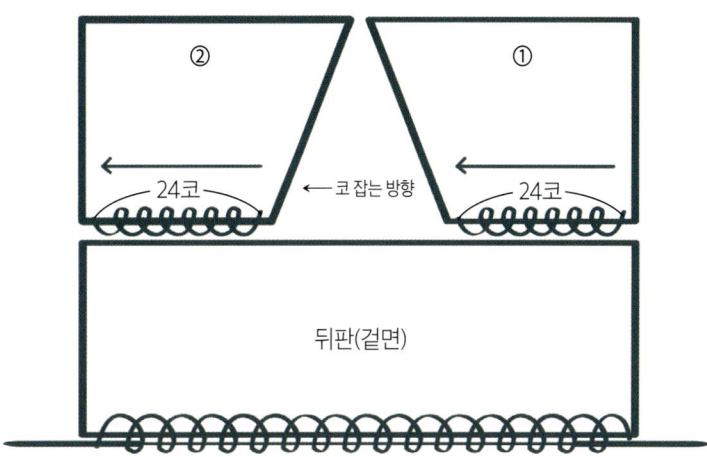

뒤판을 겉면(v자 모양이 모이는 부분)이 보이도록 코 잡은 부분이 위를 향하게 펼쳐놓습니다.

①처럼 오른쪽 끝부분부터 24코를 주워줍니다.

1단: 안뜨기(24코)

2단: 마지막 2코 남을 때까지 겉뜨기, M1L, 겉뜨기2(25코)

3단: 안뜨기(25코)

4단: 겉뜨기(25코)

5단: 안뜨기(25코)

6단: 마지막 2코 남을 때까지 겉뜨기, M1L, 겉뜨기2(26코)

7단: 안뜨기(26코)

8단: 겉뜨기(26코)

9단: 안뜨기(26코)

10단: 마지막 2코 남을 때까지 겉뜨기, M1L, 겉뜨기2(27코)

~[위 네 단(7~10단) 계속 반복]
：
．

27단: 안뜨기(31코)

28단: 겉뜨기(31코)

29단: 안뜨기(31코)

30단: 마지막 2코 남을 때까지 겉뜨기, M1L, 겉뜨기2(32코)

31단: 안뜨기(32코)

다 뜬 후 실을 10cm 남기고 자른 뒤 뒤판과 마찬가지로 코를 쉬게 둡니다.(바늘마개로 막아두거나 코를 따로 케이블이나 실 등에 빼놓습니다. 뒤판 코들과 함께 끼워놓아도 됩니다.)

이번에는 ②처럼 왼쪽 24코 부분을 세어서 안쪽에서 바깥 부분을 향하여 24코를 주워줍니다.

1단: 안뜨기(24코)

2단: 겉뜨기2, M1R, 남은 코 모두 겉뜨기(25코)

3단: 안뜨기(25코)

4단: 겉뜨기(25코)

5단: 안뜨기(25코)

6단: 겉뜨기2, M1R, 남은 코 모두 겉뜨기(26코)

7단: 안뜨기(26코)

8단: 겉뜨기(26코)

9단: 안뜨기(26코)

10단: 겉뜨기2, M1R, 남은 코 모두 겉뜨기(27코)

~[위 네 단(7~10단) 계속 반복]
：
．

27단: 안뜨기(31코)

28단: 겉뜨기(31코)

29단: 안뜨기(31코)

30단: 겉뜨기2, M1R, 남은 코 모두 겉뜨기(32코)

31단: 안뜨기(32코)

실은 자르지 않습니다.

이제 앞판이 모두 끝났습니다. ②, 뒤판, ① 순서로 편물이 꼬이지 않게 한 바늘에 모든 코를 끼워줍니다. 바늘에 합칠 때 바늘에 모두 같은 면이 향하도록 끼워주어야 합니다. (바늘에 3파트를 모두 끼운 후 펼쳤을 때 한쪽 면은 모두 v자 모양 면, 반대쪽 면은 울퉁불퉁한 안쪽 면이 되도록 같은 방향으로 끼우는 것입니다.) 안뜨기가 끝난 ②번 편물 쪽부터 시작하여 떠줍니다. 원형으로 이어주지 않고 평면으로 앞뒤 뒤집어가며 떠줍니다.

TIP
뒤판과 ①파트에서 잘라낸 실들은 신경 쓰지 말고 그냥 떠줍니다. 나중에 한꺼번에 정리해줍니다.

32단: 앞판 ② 모두 겉뜨기, 감아코4, 뒤판 모두 겉뜨기, 감아코4, 앞판 ① 모두 겉뜨기(142코)

33단: 안뜨기

34단: 겉뜨기2, M1R, 마지막 2코 남을 때까지 겉뜨기, M1L, 겉뜨기2(144코)

35단: 안뜨기

36단: 겉뜨기

37단: 안뜨기

38단: 겉뜨기2, M1R, 마지막 2코 남을 때까지 겉뜨기, M1L, 겉뜨기2(146코)

39단: 안뜨기

40단: 겉뜨기

41단: 안뜨기

42단: 겉뜨기2, M1R, 마지막 2코 남을 때까지 겉뜨기, M1L, 겉뜨기2(148코)

43단: 안뜨기

이제 앞부분 코늘림이 끝났습니다.

이제 메리야스 뜨기(겉뜨기 1단, 안뜨기 1단)를 총 10단 떠주고, 배색에 들어갑니다. 배색을 할 때에는 새로운 단이 시작할 때 기존에 뜨던 색상은 10cm 정도 남기고 잘라주고, 배색할 실로 바로 떠주면 됩니다.

배색 1 5단

배색 2 10단

배색 1 5단

(배색은 원하는 대로 떠도 됩니다.)

이제 다시 원래 뜨던 색상으로 15단을 떠주고, 6mm 바늘로 바꿔준 후 1코 고무뜨기(겉뜨기1, 안뜨기1 반복)로 10단을 떠준 후 코막음하여 마무리합니다.

소매 뜨기

8mm 바늘을 이용하여 감아코 부분에서 4코를 줍습니다. 이제 소매 부분에서는 단에서 코를 주워 떠줍니다. 단을 따라서 1단에 1코씩 4코를 줍고 1단 건너뛰고, 4코 줍고 1단 건너뛰고를 반복하여 주워줍니다. 끝부분에는 규칙이 안 맞는 게 맞고, 건너뛰고 남은 단수만큼 더 주워줍니다. 줍는 사람마다 54코가 될 수도 있고 55코가 될 수도 있습니다. 한두 코 차이는 상관없으니 크게 신경쓰지 말고 주워주세요. 시작 마커를 걸고 소매 뜨기를 시작합니다.

소매 부분은 원형으로 코를 잡았기 때문에 겉뜨기로만 떠주면 됩니다.

메인 색상 21단

배색 1 5단

배색 2 10단

배색 1 5단

메인 색상 21단을 떠줍니다.

6mm 바늘로 바꾸고, 2코 한 번에 겉뜨기를 단이 끝날 때까지 떠주고, 1코 고무뜨기 14단을 뜨고 느슨하게 코막음하여 마무리합니다. 1코 고무뜨기 규칙이 맞지 않을 때에는 고무뜨기 첫 단에서 마지막 2코를 한 번에 뜨거나 끝부분만 안뜨기 2개로 떠도 됩니다.

반대쪽 소매도 똑같이 떠줍니다.

마무리

남은 실을 다 정리해주고, 겨드랑이 부분 구멍도 돗바늘로 실을 연결하여 잘 오므려줍니다.

마제스틱 새들 숄더 탑다운 스웨터
Majestic Saddle Shoulder Top-down Sweater

Info

사이즈 S (M) L

모델 착용 사이즈 M

치수 가슴둘레 97 (104) 112cm, 팔 길이(목 고무단부터) 79cm 총 기장(뒷목 고무단부터) 72cm

게이지 10cm×10cm 4mm 대바늘 21코 28단

바늘 4mm 조립식 대바늘, 3.5mm 조립식 대바늘, 40cm 케이블, 80cm 케이블
(고정형 줄바늘일 경우 케이블 길이는 80cm가 적당합니다.)

실 마제스틱 2669 챠콜 50g 9 (10) 11볼

> 어깨에 말안장(saddle)이 있는 것처럼 직선 형태의 모양이 있어서 새들 숄더라고 불립니다. 남성적인 직선 구조를 가지고 있어 남성 스웨터 형태로 많이 선호하는 스타일입니다. 새들 부분을 따로 나누어 어깨와 소매 늘림을 구분하기 때문에 늘림에 따라 선이 어떻게 생기는지 볼 수 있는 흥미로운 구조입니다.

어깨 늘림 part 1

소매 부분은 늘리지 않고 어깨만 늘려줍니다.

*M1L(안)-37쪽 / M1R(안)-38쪽 참고

> 80cm 케이블을 연결한 4mm 바늘에 일반코로 74 (76) 84코를 잡아줍니다. 처음부터 원형으로 뜨지 않고, 평면으로 뜨며 목을 만들어주다가 나중에 원형으로 이어주는 방식입니다.
>
> 1단(안면): 안뜨기1(앞판), 마커 걸기, 안뜨기 18 (18) 20 (소매), 마커 걸기, 안뜨기 36 (38) 42 (뒤판), 마커 걸기, 안뜨기 18 (18) 20 (소매), 마커 걸기, 안뜨기1
>
> 2단(겉면): 감아코1, 마커까지 겉뜨기, M1R, 마커 넘기기, 겉뜨기 18 (18) 20 (소매), 마커 넘기기, M1L, 마커까지 겉뜨기, M1R, 마커 넘기기, 겉뜨기 18 (18) 20 (소매), 마커 넘기기, M1L, 남은 코 모두 겉뜨기, 감아코1
>
> 3단(안면): 마커까지 안뜨기, M1R(안), 마커 넘기기, 안뜨기 18 (18) 20 (소매), 마커 넘기기, M1L(안), 마커까지 안뜨기, M1R(안), 마커 넘기기, 안뜨기 18 (18) 20 (소매), 마커 넘기기, M1L(안), 남은 코 모두 안뜨기
>
> 2~3단을 총 8번 반복하여 앞판 코수 25 (25) 25코, 뒤판 코수 68 (70) 74코가 될 때까지 떠줍니다.
>
> S: 25 / 18 / 68 / 18 / 25
>
> M: 25 / 18 / 70 / 18 / 25
>
> L: 25 / 20 / 74 / 20 / 25코로 나뉜 상태입니다.

겉면과 안면 모두 소매 부분을 제외하고 어깨 부분, 즉 앞판과 뒤판의 마커 경계에서만 M1L/M1R로 늘려줍니다. 겉면에서는 앞목을 만들어주기 위해 감아코로 양쪽에 1코씩 만들어줍니다. 감아코는 만들고 나서 그냥 일반코처럼 생각해주면 됩니다. 옆 바늘로 옮긴다거나 거르지 않고 그냥 일반코처럼 똑같이 떠주면 됩니다.

어깨 늘림 part 2
S, M사이즈

S (M) 사이즈

(L사이즈를 뜨는 분은 136쪽 L사이즈를 보고, S, M사이즈를 뜨는 분은 아래 도안을 보고 다 뜬 다음 소매 늘림 part로 넘어가면 됩니다.)

18단(겉면): 감아코2, 마커까지 겉뜨기, M1R, 마커 넘기기, 겉뜨기18(소매), 마커 넘기기, M1L, 마커까지 겉뜨기, M1R, 마커 넘기기, 겉뜨기18(소매), 마커 넘기기, M1L, 남은 코 모두 겉뜨기, 감아코2

19단(안면): 마커까지 안뜨기, M1R(안), 마커 넘기기, 안뜨기18(소매), 마커 넘기기, M1L(안), 마커까지 안뜨기, M1R(안), 마커 넘기기, 안뜨기18(소매), 마커 넘기기, M1L(안), 남은 코 모두 안뜨기

20단(겉면): 감아코2, 마커까지 겉뜨기, M1R, 마커 넘기기, 겉뜨기18(소매), 마커 넘기기, M1L, 마커까지 겉뜨기, M1R, 마커 넘기기, 겉뜨기18(소매), 마커 넘기기, M1L, 남은 코 모두 겉뜨기, 감아코2

21단(안면): 마커까지 안뜨기, M1R(안), 마커 넘기기, 안뜨기18(소매), 마커 넘기기, M1L(안), 마커까지 안뜨기, M1R(안), 마커 넘기기, 안뜨기18(소매), 마커 넘기기, M1L(안), 남은 코 모두 안뜨기

22단(겉면): 감아코2, 마커까지 겉뜨기, M1R, 마커 넘기기, 겉뜨기18(소매), 마커 넘기기, M1L, 마커까지 겉뜨기, M1R, 마커 넘기기, 겉뜨기18(소매), 마커 넘기기, M1L, 남은 코 모두 겉뜨기, 감아코2, 감아코 6 (8) (앞판 연결을 위한 중간코입니다.)

TIP
22단에서는 18단, 20단과 동일하게 뜨되 다 뜨고 나서 S사이즈는 감아코 6코, M사이즈는 감아고 8코를 '추가해주는 것입니다. 마지막 감아코 2개를 만들고 6개 혹은 8개 감아코를 더 만들어주면 됩니다.

이제 시작 마커를 걸고 원형으로 이어서 떠줍니다. 감아코 2코 + 감아코 6 (8)코를 해준 상태에서 감아코를 만들어준 바늘을 오른손에 잡고, 왼쪽 바늘에 코를 끌어모아 왼쪽 바늘 첫 코에 찔러서 겉뜨기를 해주면 원형뜨기가 시작됩니다. 이제 소매를 제외한 어깨 부분에서만 동일하게 늘림을 해줍니다.

늘림단: 시작 마커 넘기기, 마커까지 겉뜨기, M1R, 마커 넘기기, 겉뜨기18(소매), 마커 넘기기, M1L, 마커까지 겉뜨기, M1R, 마커 넘기기, 겉뜨기18(소매), 마커 넘기기, M1L, 시작 마커까지 겉뜨기

위에서 겉/안 번갈아가며 했던 늘림단을 이번에는 겉뜨기로만 S는 총 3단, M은 총 5단을 떠줍니다.

늘림단 S는 3단, M은 5단 뜬 후 코수

S: 84 / 18 / 84 / 18 (앞판 84코 중간에 시작 마커 있습니다.)

M: 90 / 18 / 90 / 18 (앞판 90코 중간에 시작 마커 있습니다.)

어깨 늘림 part 2
L사이즈

L 사이즈

18단(겉면): 감아코2, 마커까지 겉뜨기, M1R, 마커 넘기기, 겉뜨기20(소매), 마커 넘기기, M1L, 마커까지 겉뜨기, M1R, 마커 넘기기, 겉뜨기20(소매), 마커 넘기기, M1L, 남은 코 모두 겉뜨기, 감아코2

19단(안면): 마커까지 안뜨기, M1R(안), 마커 넘기기, 안뜨기20(소매), 마커 넘기기, M1L(안), 마커까지 안뜨기, M1R(안), 마커 넘기기, 안뜨기20(소매), 마커 넘기기, M1L(안), 남은 코 모두 안뜨기

20단(겉면): 감아코2, 마커까지 겉뜨기, M1R, 마커 넘기기, 겉뜨기20(소매), 마커 넘기기, M1L, 마커까지 겉뜨기, M1R, 마커 넘기기, 겉뜨기20(소매), 마커 넘기기, M1L, 남은 코 모두 겉뜨기, 감아코2

21단(안면): 마커까지 안뜨기, M1R(안), 마커 넘기기, 안뜨기20(소매), 마커 넘기기, M1L(안), 마커까지 안뜨기, M1R(안), 마커 넘기기, 안뜨기20(소매), 마커 넘기기, M1L(안), 남은 코 모두 안뜨기

22단(겉면): 감아코2, 마커까지 겉뜨기, M1R, 마커 넘기기, 겉뜨기20(소매), 마커 넘기기, M1L, 마커까지 겉뜨기, M1R, 마커 넘기기, 겉뜨기20(소매), 마커 넘기기, M1L, 남은 코 모두 겉뜨기, 감아코2

23단(안면): 마커까지 안뜨기, M1R(안), 마커 넘기기, 안뜨기20(소매), 마커 넘기기, M1L(안), 마커까지 안뜨기, M1R(안), 마커 넘기기, 안뜨기20(소매), 마커 넘기기, M1L(안), 남은 코 모두 안뜨기

24단(겉면): 감아코2, 마커까지 겉뜨기, M1R, 마커 넘기기, 겉뜨기20(소매), 마커 넘기기, M1L, 마커까지 겉뜨기, M1R, 마커 넘기기, 겉뜨기20(소매), 마커 넘기기, M1L, 남은 코 모두 겉뜨기, 감아코2, 감아코8(앞판 연결을 위한 중간 코입니다.)

이제 시작 마커를 걸고 원형으로 이어서 떠줍니다. 감아코 2코 + 감아코 8코를 해준 상태에서 감아코를 만들어준 바늘을 오른손에 잡고, 왼쪽 바늘에 코를 끌어모아 왼쪽 바늘 첫코에 찔러서 겉뜨기를 해주면 원형뜨기가 시작됩니다. 이제 소매를 제외한 몸통 부분에서만 늘림을 해주되, L사이즈는 두 단에 한 번만 줍니다.

늘림단: 시작 마커 넘기기, 마커까지 겉뜨기, M1R, 마커 넘기기, 겉뜨기20(소매), 마커 넘기기, M1L, 마커까지 겉뜨기, M1R, 마커 넘기기, 겉뜨기20(소매), 마커 넘기기, M1L, 시작 마커까지 겉뜨기

다음 단: 겉뜨기

위에서 앞뒤로 매 단 늘림을 해준것과 달리 연결 후에는 한 단은 늘리고, 한 단은 늘리지 않고 쭉 떠줍니다. 위 두 단을 총 3번 반복해줍니다. 3번 반복 후 코수 분배는 아래와 같습니다.

L: 94 / 20 / 94 / 20 (앞판 94코 중간에 시작 마커 있습니다.)

어깨 부분 상세 사진

소매 늘림

이제부터 어깨 늘림은 하지 않습니다. 18 (18) 20코로 항상 유지되었던 소매 부분에서만 두 단에 한 번 늘림을 진행해줍니다.

늘림단: 시작 마커 넘기기, 마커까지 겉뜨기, 마커 넘기기, M1L, 마커까지 겉뜨기, M1R, 마커 넘기기, 마커까지 겉뜨기, 마커 넘기기, M1L, 마커까지 겉뜨기, M1R, 마커 넘기기, 시작 마커까지 겉뜨기

다음 단: 겉뜨기

위 두 단을 계속 반복하여 소매 코수가 52 (52) 54코가 될 때까지 떠줍니다. 늘림 없이 겉뜨기만 하는 단으로 끝납니다.

S: 84 / 52 / 84 / 52 / 총 272코

M: 90 / 52 / 90 / 52 / 총 284코

L: 94 / 54 / 94 / 54 / 총 296코

래글런 늘림

이제 소매와 몸통 부분 모두 마커 양옆으로 늘림을 해줍니다.

늘림단: 시작 마커 넘기기, 마커 1코 전까지 겉뜨기, M1R, 겉뜨기1, 마커 넘기기, M1L, 마커까지 겉뜨기, M1R, 마커 넘기기, 겉뜨기1, M1L, 마커 1코 전까지 겉뜨기, M1R, 겉뜨기1, 마커 넘기기, M1L, 마커까지 겉뜨기, M1R, 마커 넘기기, 겉뜨기1, M1L, 시작 마커까지 겉뜨기

다음 단: 겉뜨기

위 두 단을 총 4 (5) 6번 반복합니다.

이제 코수는 앞/뒤판 92 (100) 106코, 소매 60 (62) 66코입니다.

소매 분리

소매 분리에서는 모든 마커는 뜨면서 빼주면 됩니다. 이제 감아코 사이에 걸어준 첫 번째 마커가 시작 마커가 됩니다.

TIP
감아코 사이에 걸어준 마커는 몸통의 앞판과 뒤판의 중간선을 구분하는 표시입니다.

시작 마커 넘기기(이제 이 시작 마커와 모든 마커를 빼줍니다.), 마커까지 겉뜨기, 여분의 실과 돗바늘 혹은 여분 케이블에 60 (62) 66코 옮기기, 감아코 5 (5) 6코 만들기, 마커 걸기(몸통 중간선 표시, 시작 마커), 감아코 5 (5) 6코 만들기, 겉뜨기 92 (100) 106코, 여분의 실과 돗바늘 혹은 여분 케이블에 60 (62) 66코 옮기기, 감아코 5 (5) 6코 만들기, 마커 걸기(몸통 중간선 표시), 감아코 5 (5) 6코 만들기, 처음 걸어준 감아코 중간 시작 마커까지 겉뜨기

이제 바늘에 총 204 (220) 236코가 걸려 있게 됩니다.

몸통 뜨기

바늘에 걸린 204 (220) 236코를 감아코를 만들어준 부분에서 38cm가 될 때까지 겉뜨기로만 쭉 떠줍니다.

몸통 기장을 조절할 분들은 여기서 몇 단을 증감해주면 됩니다.

몸통 고무단 뜨기

TIP
코막음을 할 때에는 겉뜨기는 겉뜨기대로 뜨고, 안뜨기는 안뜨기대로 떠서 코막음합니다.

3.5mm 바늘로 바꾸고 [겉뜨기15 (18) 18, 2코 한 번에 겉뜨기]를 단이 끝날 때까지 반복해줍니다.(L사이즈는 규칙이 안 맞고 겉뜨기 16으로 끝납니다. 전체적인 모양에는 크게 상관 없습니다.) 그다음 1코 고무단(겉뜨기1, 안뜨기1 반복) 6cm를 뜨고 코막음하여 마무리합니다.

소매 시작

여분의 실이나 케이블에 걸어둔 코를 다시 4mm 바늘에 끼워줍니다.

감아코 부분에서 5 (5) 6코 줍고 시작 마커 걸기, 감아코 부분에서 5 (5) 6코 줍고 시작 마커로 돌아올 때까지 겉뜨기로 떠줍니다. 이제 소매 코수는 총 70 (72) 78코입니다.

소매 뜨기

TIP
소매 길이는 6번째 반복에서 겉뜨기 20단 부분을 길거나 짧게 조절해주면 됩니다.

소매는 완만하게 약간만 줄여줍니다.

[겉뜨기20단, 줄임단 1단]을 총 6번 반복해줍니다.

줄임단: 시작 마커 넘기기, 2코 한 번에 겉뜨기, 마지막 2코 남을 때까지 겉뜨기, 2코 한 번에 겉뜨기

6번 반복한 다음 3.5mm 바늘로 바꾸고 겉뜨기 한 단을 떠줍니다.

소매 고무단

TIP
코막음을 할 때에는 겉뜨기는 겉뜨기대로 뜨고, 안뜨기는 안뜨기대로 떠서 코막음합니다. 코막음을 헐렁하게 해야 입고 벗기 편합니다.

3.5mm 바늘로 1코 고무뜨기(겉뜨기1, 안뜨기1 반복) 17단을 뜨고, 코막음으로 마무리해줍니다.

목둘레 코줍기

3.5mm 바늘로 목둘레에서 108 (112) 124코를 주워줍니다. 이때 앞목/뒷목 36 (38) 42코씩, 소매 18 (18) 20코씩을 잘 따라서 주워주면 됩니다.

1코 고무뜨기로 9단을 뜨고 코막음을 하되, 꼭 1코 고무단 돗바늘 마무리를 이용해야 머리가 들어갑니다.

목둘레 코를 주울 때에는 표시해둔 것처럼 단의 선을 잘 따라서 소매 코를 주우면 됩니다.

마무리

남은 실들은 돗바늘을 이용해 잘 정리해줍니다. 소매 분리 부분에 난 구멍은 실을 조금 잘라 돗바늘로 왔다 갔다 한 후 잘 오므려주면 됩니다.

필 라이트 피셔맨 탑다운 스웨터
Phil Light Fisherman Top-down Sweater

Info

사이즈 XS (S) M (L) XL

모델 착용 사이즈 L

가슴둘레 96 (98) 100 (102) 110cm

옷 길이 44 (44) 44 (46) 48cm (목 고무단 윗부분부터 쟀을 때의 길이입니다.)

게이지 10cm×10cm 6mm 대바늘 피셔맨 립 게이지 11코 13단

바늘 6mm 조립식 대바늘, 5mm 조립식 대바늘, 40cm 케이블, 80cm 케이블

실 필 라이트 209900 베로네세 50g 6 (6) 6 (6) 8볼 2겹으로 진행

변형고무뜨기(브리오쉬)와 비슷한 피셔맨 립 방식으로 뜨는 독특한 무늬의 스웨터입니다. 어깨 늘림은 새들 숄더와 래글런 늘림을 합친 방식처럼 해줍니다. 피셔맨 립은 한 줄 한 줄 무늬가 다르기 때문에 늘림 방식이 달라 처음에는 생소할 수 있지만 전체적인 탑다운 구조를 파악하면 어렵지 않게 뜰 수 있습니다. 특유의 도톰한 조직감이 특징입니다.

목 셋업 단

모든 부분은 필 라이트 2겹으로 진행합니다. 실은 겉에서부터 풀어서 2볼에서 각각 1가닥씩 잡고 떠야 편합니다.

피셔맨 립 설명 동영상

| 영상 보기 |

40cm 케이블을 연결한 6mm 대바늘에 일반코로 68 (72) 72 (76) 76코를 원형으로 잡습니다. 코를 잡을 때 아래 코 구분을 보며 마커를 걸어줍니다.

5코 잡기(래글런), 마커1 걸기, 7코 잡기(소매), 마커2 걸기, 5코 잡기(래글런), 마커3 걸기, 17 (19) 19 (21) 21코 잡기(앞판), 마커4 걸기, 5코 잡기(래글런), 마커5 걸기, 7코 잡기(소매), 마커6 걸기, 5코 잡기(래글런), 마커7 걸기, 17 (19) 19 (21) 21코 잡기(뒤판), 마커8 걸기

첫 단: (안1 겉1) 1코 고무뜨기 한 단을 뜹니다.

다음 단: *안1, k1b* 반복(k1b: 겉뜨기 아랫부분에 찔러서 겉뜨기, 동영상 참고)

다음 단: *p1b, 겉1* 반복(p1b: 안뜨기 아랫부분에 찔러서 안뜨기, 동영상 참고)

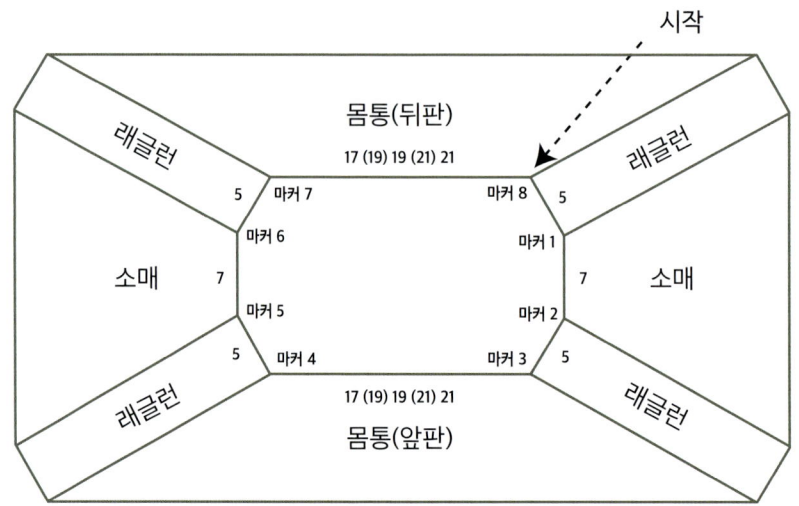

목 코늘림

TIP

목 코늘림에서는 앞판, 뒤판에서만 코가 늘어납니다. 앞판, 뒤판 양쪽 끝 코에서만 코가 늘어나며, 피셔맨 립 코늘림은 한 번 코늘림에서 2코가 늘어납니다.

목 셋업 단이 끝나면, 아래 두 단을 총 5 (5) 5 (5) 6번 반복합니다.

늘림단(k1b단): 마커3 1코 전까지 *안1, k1b* 반복, 안1, 마커3 넘기기, 피셔맨 코늘리기(동영상 참고), 마커4 2코 전까지 *안1, k1b* 반복, 안1, 피셔맨 코늘리기, 마커4 넘기기, 마커7 1코 전까지 *안1, k1b* 반복, 안1, 마커7 넘기기, 피셔맨 코늘리기, 마커8 2코 전까지 *안1, k1b* 반복, 안1, 피셔맨 코늘리기

다음 단(p1b단): *p1b, 겉1* 반복(코늘림해서 만들어준 3코는 일반 겉 안 겉으로 떠줍니다.)

반복 후 총 코수:

XS: 5 / 7 / 5 / 37 / 5 / 7 / 5 / 37 / 총 108코

S: 5 / 7 / 5 / 39 / 5 / 7 / 5 / 39 / 총 112코

M: 5 / 7 / 5 / 39 / 5 / 7 / 5 / 39 / 총 112코

L: 5 / 7 / 5 / 41 / 5 / 7 / 5 / 41 / 총 116코

XL: 5 / 7 / 5 / 45 / 5 / 7 / 5 / 45 / 총 124코

---

5 (5) 5 (5) 6번 반복 후 다음 단(소매 쪽에서도 늘려줍니다.): 마커1 1코 전까지 *안, k1b* 반복, 안1, 마커1 넘기기, 피셔맨 코늘리기, 마커2 2코 전까지 *안, k1b* 반복, 안1, 피셔맨 코늘리기, 마커3 1코 전까지 *안1, k1b* 반복, 안1, 마커3 넘기기, 피셔맨 코늘리기, 마커4 2코 전까지 *안1, k1b* 반복, 안1, 피셔맨 코늘리기, 마커4 넘기기, 마커5 1코 전까지 *안, k1b* 반복, 안1, 마커5 넘기기, 피셔맨 코늘리기, 마커6 2코 전까지 *안, k1b* 반복, 안1, 피셔맨 코늘리기, 마커6 넘기기, 마커7 1코 전까지 *안1, k1b* 반복, 안1, 마커7 넘기기, 피셔맨 코늘리기, 마커8 2코 전까지 *안1, k1b* 반복, 안1, 피셔맨 코늘리기

다음 단(p1b단): *p1b, 겉1* 반복(코늘림해서 만들어준 3코는 일반 겉 안 겉으로 떠줍니다.)

이제 코늘림 없이 아래 두 단을 총 6번 반복해줍니다. 6번을 반복하면 2겹 v자가 6줄 형성됩니다.)

k1b단: *안1, k1b* 반복(k1b: 겉뜨기코 아랫부분에 찔러서 겉뜨기)

p1b단: *p1b, 겉1* 반복(p1b: 안뜨기코 아랫부분에 찔러서 안뜨기)

소매 코늘림

이번 파트에서는 소매 쪽에서만 코가 늘어납니다.

XS, S 사이즈: 코늘림 part 1이 끝나면, 아래 6단을 총 4번 반복해줍니다.

늘림단(k1b단): 마커1 1코 전까지 *안, k1b* 반복, 안1, 마커1 넘기기, 피셔맨 코늘리기, 마커2 2코 전까지 *안, k1b* 반복, 안1, 피셔맨 코늘리기, 마커2 넘기기, 마커5 1코 전까지 *안, k1b* 반복, 안1, 마커5 넘기기, 피셔맨 코늘리기, 마커6 2코 전까지 *안, k1b* 반복, 안1, 피셔맨 코늘리기, 마커8까지 *안, k1b* 반복

다음 단(p1b단): *p1b, 겉1* 반복(코늘림해서 만들어준 3코는 일반 겉 안 겉으로 떠줍니다.)

다음 단(k1b단): *안1, k1b* 반복

다음 단(p1b단): *p1b, 겉1* 반복

다음 단(k1b단): *안1, k1b* 반복

다음 단(p1b단): *p1b, 겉1* 반복

M, L, XL 사이즈: 코늘림 part 1이 끝나면, 아래 8단을 총 4 (5) 5번 반복해줍니다.

늘림단(k1b단): 마커1 1코 전까지 *안, k1b* 반복, 안1, 마커1 넘기기, 피셔맨 코늘리기, 마커2 2코 전까지 *안, k1b* 반복, 안1, 피셔맨 코늘리기, 마커2 넘기기, 마커5 1코 전까지 *안, k1b* 반복, 안1, 마커5 넘기기, 피셔맨 코늘리기, 마커6 2코 전까지 *안, k1b* 반복, 안1, 피셔맨 코늘리기, 마커8까지 *안, k1b* 반복

다음 단(p1b단): *p1b, 겉1* 반복(코늘림해서 만들어준 3코는 일반 겉 안 겉으로 떠줍니다.)

다음 단(k1b단): *안1, k1b* 반복

다음 단(p1b단): *p1b, 겉1* 반복

다음 단(k1b단): *안1, k1b* 반복

다음 단(p1b단): *p1b, 겉1* 반복

다음 단(k1b단): *안1, k1b* 반복

다음 단(p1b단): *p1b, 겉1* 반복

반복 후 총 코수:

XS: 5 / 27 / 5 / 41 / 5 / 27 / 5 / 41 / 총 156코

S: 5 / 27 / 5 / 43 / 5 / 27 / 5 / 43 / 총 160코

M: 5 / 27 / 5 / 43 / 5 / 27 / 5 / 43 / 총 160코

L: 5 / 31 / 5 / 45 / 5 / 31 / 5 / 45 / 총 172코

XL: 5 / 31 / 5 / 49 / 5 / 31 / 5 / 49 / 총 180코

소매 분리

소매를 분리할 때에는 여분의 케이블과 마감 캡 혹은 자투리실과 돗바늘이 필요합니다. 소매 부분 코를 케이블이나 자투리실에 옮겨 쉬게 두고, 몸통 먼저 진행합니다. 이제 소매 코를 옮겨 소매를 분리해보도록 하겠습니다. 마커 8을 제외한 모든 마커는 빼도 좋습니다.

> 안1, k1b를 뜨고, 마커3 2코 전까지 코를 여분의 케이블/실 연결한 돗바늘에 옮겨 쉬게 둡니다. 감아코5 (5) 7 (7) 7, 마커5 3코 전까지 *k1b, 안1* 반복(k1b로 끝납니다.), 마커7 2코 전까지 코를 여분의 케이블/실 연결한 돗바늘에 옮겨 쉬게 둡니다. 감아코5 (5) 7 (7) 7, 마커8까지 *k1b, 안1* 반복(k1b로 끝납니다.)

이제 마커8이 몸통의 시작 마커가 됩니다. 몸통 총 코수 100 (104) 108 (112) 120코

몸통 뜨기

> 아래 두 단을 계속 반복하여 언더암(감아코 부분)부터 25 (25) 25 (27) 29cm 혹은 원하는 길이가 될 때까지 뜹니다. (감아코 부분은 안, 겉 패턴을 맞춰 떠줍니다.)
>
> p1b단: *p1b, 겉1* 반복(p1b: 안뜨기코 아랫부분에 찔러서 안뜨기)
>
> k1b단: *안1, k1b* 반복(k1b: 겉뜨기코 아랫부분에 찔러서 겉뜨기)
>
> 원하는 길이만큼 다 뜨면 5mm 바늘로 바꾸고 1코 고무단(겉뜨기1, 안뜨기1 반복)으로 6cm를 떠주고 느슨하게 코막음하여 마무리합니다. (1코 고무단은 p1b단 뜰 차례에 뜨며 p1b를 하지 않고 일반 안뜨기/겉뜨기로 떠줍니다.)

소매 뜨기

> 쉬게 두었던 코를 다시 6mm 바늘에 끼워주고, 새 실을 잡아 몸통에서 감아코로 5 (5) 7 (7) 7코를 만들어준 부분에서 5 (5) 7 (7) 7코를 주워줍니다. 코를 다 주운 후 시작 마커를 걸어 소매단의 시작 부분을 표시합니다.

이제 바늘에 38 (38) 40 (44) 44코가 걸려 있게 됩니다.

> 언더암(감아코 부분)부터 36 (38) 38 (40) 42cm가 될 때까지 아래 두 단을 반복하여 떠줍니다. (감아코 부분은 겉, 안 패턴을 맞춰 떠줍니다. 몸통 부분과 패턴이 어긋나는 게 맞습니다.)
>
> k1b단: *안1, k1b* 반복(k1b: 겉뜨기코 아랫부분에 찔러서 겉뜨기)
>
> p1b단: *p1b, 겉1* 반복(p1b: 안뜨기코 아랫부분에 찔러서 안뜨기)

소매 고무단

이제 5mm 바늘로 바꾸고, 단이 끝날 때까지 2코를 한 번에 겉뜨기로 떠줍니다.

1코 고무뜨기(겉뜨기1, 안뜨기1 반복)로 6cm를 떠줍니다. XS, S사이즈는 홀수코이므로 마지막 2코를 한 번에 떠서 고무뜨기 규칙을 맞춰줍니다. (1코 고무단은 p1b단 뜰 차례에 뜨며 p1b를 하지 않고 일반 안뜨기/겉뜨기로 떠줍니다.)

실에 탄성이 없어 일반 코막음으로 코막음하면 손이 안들어가기 때문에 코막음하는 방법은 아래 동영상을 참고하시기 바랍니다.

반대쪽 소매도 똑같이 떠줍니다.

느슨한 코막음 방법 동영상

| 영상 보기 |

목둘레 뜨기

5mm 바늘을 이용하여 목 부분에서 68 (72) 72 (76) 76코를 주워줍니다. 1코 고무뜨기로 8cm를 뜨고 느슨하게 코막음한 후 반을 접어 안쪽에 감침질하여 마무리합니다.

마무리

남은 실을 돗바늘을 이용해 정리해주고, 겨드랑이 부분 구멍도 돗바늘로 실을 연결하여 잘 오므려줍니다.

부록

필 에어 페루 베레모

Phil Air Peru Beret

실 필 에어 페루 1264 린 50g 1볼
바늘 7mm 조립식 대바늘, 40cm 케이블, 80cm 케이블

모자 뜨기

7mm 바늘에 72코를 원형으로 잡습니다. (6각 12코씩, 12코마다 마커 걸기)

1-6단: 1코 고무단 6단

7단: 겉뜨기

8-15단

(짝수단) 모두 겉뜨기하되 마커 양옆에서만 kfb

(홀수단) 겉뜨기

현재 코수: 각마다 20코씩 총 120코

16-17단 겉뜨기

18단부터는 코줄임을 시작합니다. 코수가 줄어들면 40cm 케이블도 불편하기 때문에 중간에 80cm 케이블로 바꾸고 매직 루프로 떠줍니다. 장갑바늘을 이용해도 좋습니다.

18-27단

(짝수단) 마커 앞부분에서만 2코를 한 번에 겉뜨기

(홀수단) 겉뜨기 28단부터 홀수단 겉뜨기 없이 6코 남을 때까지 매단 마커 앞에서만 줄임 반복. 6코 남으면 꼭지 부분 4단 겉뜨기 후 실을 코 사이로 통과시켜 오므려 마무리합니다.

TIP 알아두면 좋은 탑다운 꿀팁 동영상들

바늘이야기 김대리 유튜브

'바늘이야기 김대리'는 뜨개질 전문회사 바늘이야기의 직원이자 바늘이야기 대표 송영예 작가님의 딸인 김대리가 뜨개질을 친근하고 쉽게, 전문적으로 알려주고 트렌디한 뜨개 콘텐츠를 만들어 나가는 채널입니다. 뜨개질의 기초부터 심화, 뜨개질할 때 알아두면 좋은 팁, 뜨개질과 관련된 문화 행사 등 다양한 주제의 동영상을 꾸준히 올리고 있습니다. 김대리는 20년간 30여 권의 뜨개 서적을 출판/감수하신 대한민국 대표 뜨개 작가 송영예님의 뒤를 이어 젊은 감각을 접목한 새로운 뜨개 문화를 이끌어가고 있습니다.

원형뜨기 2가지 방법

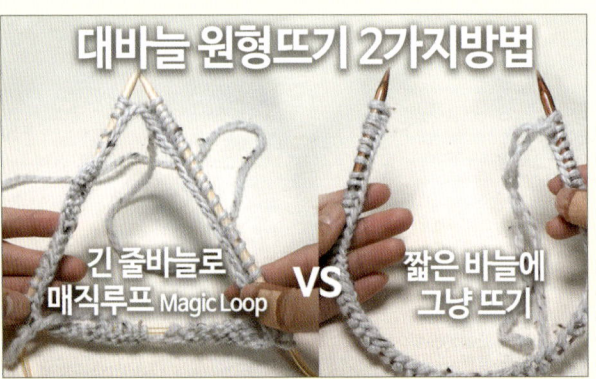

탑다운 자주 하는 실수

케이블 바꾸는 방법

컨티넨탈 뜨기

숏팁 만들기

Q&A 자주 묻는 질문

Q. 꼭 같은 실을 써야 하나요?

A. 다른 실을 써도 상관 없습니다. 다만 게이지 차이가 크지 않은 실로 뜨는 것을 추천합니다.

Q. 어떤 실을 써야 하나요?

A. 일반적으로 겨울철에는 울, 알파카, 캐시미어가 함유된 동물성 섬유 실을 사용하고, 여름철에는 면, 리넨이 함유된 식물성 섬유 실을 사용합니다. 아크릴 혼방 소재는 튼튼하여 세탁과 관리가 용이하지만 보풀이 쉽게 나는 단점이 있습니다. 섬유마다 차이점이 매우 크기 때문에 다양한 실을 써 본 후 선택하는 것이 좋습니다.

Q. 조립식 바늘이 꼭 있어야 하나요?

A. 조립식 바늘은 선택의 문제입니다. 사용하면 더 편한 게 사실입니다. 매직 루프에 익숙한 분들은 제일 저렴한 500원 줄바늘로도 충분히 뜨지만, 매직 루프가 익숙하지 않은 분들은 조립식 바늘이 훨씬 쉽게 느껴질 겁니다. 숙련자들은 뜨개질 느낌을 중요하게 생각하기 때문에 바늘 퀄리티가 좋은 조립식 바늘을 선호합니다.

Q. 게이지를 꼭 내야 하나요?

A. 게이지를 내지 않는다고 해서 뜨개질을 할 수 없는 것은 아니기 때문에 게이지를 내는 것이 필수는 아닙니다. 다만 게이지를 확인하지 않고 도안 그대로 뜬다면 도안에서 제시하는 사이즈와 다른 사이즈의 결과물을 얻을 수도 있다는 점은 알고 있어야 합니다.

Q. 세탁은 어떻게 하나요?

A. 첫 세탁은 드라이클리닝을 권장합니다. 두 번째 세탁부터는 미온수에 울샴푸를 풀어 조물조물 세척한 뒤 살살 눌러 물기를 빼고 수건에 펼쳐서 모양을 잡은 상태에서 말려줍니다.

Q. 코늘림 kfb, M1L, M1R 등의 차이점이 뭔가요?

A. 코를 늘리는 방법에는 여러 가지가 있습니다. 코가 늘어나는 것은 모두 동일하지만, 결과물의 모양에 약간 차이가 있습니다. kfb의 경우 가로줄이 생기는 코늘림이고, M1L/M1R의 경우 코와 코 사이에서 코를 늘려주기 때문에 가로줄이 생기지 않고 작은 v자 모양이 생깁니다. 둘은 늘어나는 방향에서 차이가 있기 때문에 늘리는 방향에 따라 다르게 사용합니다. 도안에서 kfb로 늘리라고 되어 있는 경우 M1L이나 M1R로 늘려도 전혀 상관없습니다. 본인이 선호하는 코늘림 방식을 적용해서 떠도 됩니다. 결과물의 차이가 궁금하다면 한 편물에서 양쪽을 다른 방법으로 늘린 다음 확인해보세요.

Q. 실은 어느 정도 준비해야 하나요?

A. 실의 소요량은 고려해야 할 요소가 많습니다. 뜨려는 옷의 사이즈, 길이, 들어가는 무늬, 바늘 사이즈 등 변수가 너무 많기 때문에 콕 집어서 몇 볼이 들어간다고 측정을 하는 것은 불가능합니다. 보통 여성복은 400~500g, 남성복은 600~700g이 사용된다고 알려져 있는데, 실에 따라 사용되는 무게도 천차만별이라 일반화하기는 어렵습니다. 예를 들어 모헤어 실을 사용하는 경우는 여성복 2XL 사이즈도 250g이면 충분합니다. 이렇듯 정확한 실의 양은 가늠하기가 어렵기 때문에, 되도록 도안에 권장된 게이지와 맞는 실을 사용하고 실 사용량을 본 후 가늠하는 것이 좋습니다.

Q. 탑다운으로 조끼도 뜰 수 있나요?

A. 뜰 수는 있지만 조끼는 탑다운보다는 따로 떠서 이어주는 방식이 더 편하고 예쁘게 나오기 때문에 굳이 탑다운으로 뜨지 않습니다. 탑다운은 대부분 뜨면서 소매 윗부분이 함께 생기며 자라나기 때문에, 소매가 아예 없는 조끼는 모헤어 가디건을 뜨는 방식처럼 따로 떠서 합쳐줘야 합니다. 굳이 탑다운으로 뜰 필요가 없는 형태이기 때문에 굳이 추천하지는 않습니다.

Q. 코바늘로도 탑다운을 뜰 수 있나요?

A. 뜰 수 있습니다만 코바늘로 주로 뜨지 않는 이유가 있기 때문에 많이 뜨지는 않습니다. 코바늘은 대바늘과 달리 실을 감아서 매듭을 엮어주며 뜨기 때문에 실 소요량도 많고 편물도 두껍게 나옵니다. 그리고 같은 실이라도 대바늘로 떴을 때보다 코바늘로 떴을 때 더욱 단단하고 덜 부드럽습니다. 옷은 가볍고 부드러워야 입기가 편하기 때문에 상대적으로 가볍고 부드럽게 떠지는 대바늘로 옷을 뜹니다. 코바늘로 옷을 뜨면 같은 크기라도 실 소요량이 많아 무게가 무거워지고, 편물이 단단해져 활동성이 좋지 않습니다. 그래도 코바늘 특유의 무늬 때문에 코바늘 탑다운도 인기가 있습니다. 유튜브에 crochet top-down을 검색하면 해외 디자이너들의 다양한 코바늘 탑다운 작품을 볼 수 있습니다.

뜨개질의 모든 것,
바늘이야기
since 1998

1만 가지 뜨개 용품 전문 온라인 쇼핑몰
"바늘이야기"에서 뜨개질에 필요한 모든 재료를 간편하게 만나보세요.

대표전화 1544-1334 (평일 오전 9시 ~ 오후 6시)
홈페이지 www.banul.co.kr (네이버에 바늘이야기 검색)
오프라인 매장 & 뜨개질 테마 카페 주소 경기도 파주시 탄현면 법흥로 100-1